KB175425

검은 감자

아일랜드 대기근 이야기

사랑하는 딸 브랜디에게

생각하는돌 07

검은 감자 아일랜드 대기근 이야기

수전 캠벨 바톨레티 지음 | 곽명단 옮김

2014년 4월 21일 초판 1쇄 발행
2022년 6월 3일 초판 9쇄 발행

펴낸이 한철희 | 펴낸곳 돌베개 | 등록 1979년 8월 25일 제406-2003-000018호
주소 (10881) 경기도 파주시 회동길 77-20 (문발동)
전화 (031) 955-5020 | 팩스 (031) 955-5050
홈페이지 www.dolbegae.co.kr | 전자우편 book@dolbegae.co.kr
블로그 blog.naver.com/imdol79 | 트위터 @Dolbegae79 | 페이스북 /dolbegae

책임편집 권영민·우진영
표지디자인 강영훈 | 디자인 강영훈·이연경·이은정
마케팅 심찬식·고운성·조원형 | 제작·관리 윤국중·이수민
인쇄·제본 상지사P&B

ISBN 978-89-7199-598-3 (44920)
ISBN 978-89-7199-452-8 (세트)

책값은 뒤표지에 있습니다.

이 도서의 국립중앙도서관 출판시도서목록(CIP)은 e-CIP 홈페이지
(http://www.nl.go.kr/ecip)에서 이용하실 수 있습니다.(CIP제어번호: CIP2014011510)

검은 감자

아일랜드
대기근 이야기

수전 캠벨 바톨레티 지음 | 곽명단 옮김

돌베
개

일러두기

1. 본문 중 ( )로 묶은 것은 저자의 부연 설명이나 원주이다.
2. [ ]로 묶거나 본문 아래에 각주로 정리한 것은 역주이다.

차례

∽ 들어가며 ∽

> 먼 옛날 아일랜드에도 살기 좋은 때가 있었지.
> 너도 아니고 나도 아니지만 누군가는 좋았던 시절이……
> — 아일랜드 민담에 흔히 쓰이던 첫머리

1845년 아일랜드에 재앙이 덮쳤다. 까닭 모를 전염병이 돌아 감자 농사를 망쳤다. 감자는 아일랜드 농촌 주민에게 사실상 유일한 식량이었다. 그때부터 5년 동안 감자 역병은 연거푸 발생했다. 이때를 가리켜 오늘날에는 '아일랜드 대기근'이라고 부른다. 이 대기근 때 굶주림과 질병으로 100만 명이 죽었다. 대대로 살아온 고국을 등지고 미국, 캐나다, 영국으로 이주한 사람도 200만 명이 넘었다. 대기근 피해자는 대부분 아일랜드 인구의 80퍼센트를 차지한 가톨릭교도였다. 그들은 대부분 몹시 가난하게 살았다. 대부분 아일랜드어를 썼는데, 말만 할 줄 알았지 읽고 쓸 줄은 몰랐다.

어느 아일랜드 가족이 삶은 감자로 식사할 준비를 하고 있다. 한 가족이 1년 치 식량으로
쓰려면 감자를 한 해에 평균 4,000킬로그램 이상 수확해야 한다.

— 『픽토리얼 타임스』(Pictorial Times), 1846. 2. 28. 영국 국립도서관 신문도서실 제공.

대기근에서 살아남은 사람 가운데 그때 겪은 고통과 가족을 잃은 아픔을 입에 담기조차 싫어하는 이가 많았다. 그러나 그때 기억을 자식과 손자 손녀들에게 생생하게 들려준 생존자도 적잖았다. 그 자식과 손자 손녀들은 저마다 들은 이야기를 현장 연구원들에게 전해 주었다. 현장을 찾아다니며 아일랜드 대기근에 관해 탐사하던 연구원들은 그 이야기를 기록했다. 이처럼 들은 대로 받아쓴 기록을 통해 대체로 대기근 시기에 평범한 서민이 겪어야 했던 일들을 가장 잘 들여다볼 수 있다. 거의 100년 동안 모은 이 대기근 구술 기록에는 아일랜드인의 각별한 삶 이야기가 담겨 있다.

이 책은 아일랜드 사람들의 눈과 기억을 빌려서 아일랜드 대기근 이야기를 풀어 간다. 여러분은 이 책을 읽으면서 알게 될 것이다. 아일랜드 사람들은 그때 어떻게 살았는지, 어째서 감자로 하루하루 끼니를 이었는지, 가난한 자신들을 돕겠다고 세운 구빈원을 왜 그토록 질색했는지, 땅을 빌려 농사짓고 살던 사람들이 땅값을 내지 못해 집에서 강제로 내쫓길 때 지주와 마름을 얼마나 두려워했고 어떻게 저항했는지. 감자가 검게 변하면서 썩어 버린 뒤, 아이들도 어른들도 악착같이 먹을거리를 찾아 헤매고 굶주림과 질병에 시달리다 죽어 갔다는 사실도 알게 될 것이다. 그런가 하면 평범한 서민부터 정치 지도자와 공무원과 자선단체 활동가까지, 굶주리는 아일랜드인을 살리려고 열심히 구제 운동을 벌였지만 엄청난 인명 피해를 막기에는 역부족이었던 사연도 숱하게 만나게 될 것이다.

대기근 때 벌어진 슬프디슬픈 일은 하고많았다. 무엇보다도 큰

- 『일러스트레이티드 런던 뉴스』(Illustrated London News), 1848. 8. 12.

비극은 끔찍한 일이 벌어질 때마다 더 비참하고 몸서리가 나는 사건들이 잇따랐다는 사실이다. 그러나 그 지독한 슬픔 속에서도 끝까지 희망을 부여잡은 사람, 자기희생도 마다하지 않고 숭고한 행동을 보여 준 사람, 살려고 아등바등하면서도 품위를 지키려고 애쓴 사람들도 만나게 될 것이다.

1장

검은 감자다, 검은 감자

건강하게 오래 사시기를
소작료 없는 땅을 얻으시기를
해마다 자식 하나씩 낳으시기를
만일 천국에 갈 수 없다면
부디 숨만큼은 아일랜드에서 거두시기를.

—건배하면서 주고받는 아일랜드 전래 덕담

아일랜드의 날씨는 늘 변덕스러웠다. 그런데 1845년 여름은 가장 오래 산 노인들조차 난생처음이라고 할 만큼 유난스러웠다. 7월 초순에는 전에 없이 뜨거운 뙤약볕이 쨍쨍 내리쬐었다. 며칠 만에 불볕더위가 물러가는가 싶더니 하늘은 잔뜩 흐리고 날씨는 서늘하고 눅눅했다. 8월에는 3주 내내 하루도 빠짐없이 굵은 빗줄기가 쏟아졌다.

날씨가 변덕을 부려 대니 사람들 마음이 뒤숭숭했다. 어느 고장에선가는 하룻밤 사이에 감자밭이 검게 변해 버렸더라는 소식이 들려왔다. 너도나도 감자가 무사한지 감자밭을 살펴보았다. 무럭무럭 잘 자라고 있는 것 같았다. 보랏빛 작은 꽃이 피고, 푸른 잎들은 넓적

넓적하고, 줄기는 튼튼해 보였다. 땅속줄기에 열리는 감자알은 확인할 길이 없었다. 그저 살이 토실토실 올라서 큼직큼직하게 자라기를 빌었다.

1845년 당시 아일랜드 농촌 주민들의 주식은 대개 감자였다. 8월부터 이듬해 5월까지 남녀노소 600만 명이 아침, 점심, 저녁 세 끼를 모두 감자로 먹었다. 한 사람이 하루에 먹는 감자는 대략 3~6킬로그램이었다. 삶아서 먹고, 구워서 먹고, 버터밀크와 양파를 섞어 으깨 먹기도 했다. 케이크, 빵, 수프 재료도 감자였다. 사람뿐 아니라 돼지, 소, 닭도 감자를 먹고 살았다.

감자밭이 검게 변했다는 흉흉한 소문이 돌았지만 더러는 한 귀로 듣고 한 귀로 흘렸다. 감자 흉년이 어제오늘 일도 아니었던 데다, 널리 퍼진 적이 없었기 때문이다. 대개는 몇몇 지역으로만 그쳤고, 감자 농사를 완전히 망친 것도 아니었다.

신문들이 내놓은 전망도 밝았다. 200만 에이커*가 넘는 드넓은 땅에 감자를 심은 만큼 풍성한 수확이 예상된다고 보도했다. 지난해 못지않은 감자 풍년이 기대된다고도 했다. 지난해에는 시장에 내다 팔고도 감자가 남아돌았다. 팔다 남으면 집으로 돌아오는 길에 도랑에 버리기도 했다. 그대로 썩혀 거름으로 쓰려고 아예 밭에서 캐지 않은 것도 있었다.

---

* 1에이커는 약 4,046제곱미터. 평으로는 약 1,224평이다. 200만 에이커는 서울특별시 면적의 약 13배에 해당한다.

오두막집 너머로 감자를 심은 이랑이 보인다. 이런 밭을 레이지 베드*라고 한다.

– 아서 영, 『아일랜드 여행』(A Tour in Ireland), 런던, 1780. 영국 의회도서관 희귀본실 소장.

대재앙

감자는 해마다 가을에 두 번 수확했다. 햇감자는 일반 수확보다 조금 이른 8월 말에, 늦감자는 제철에 맞춰 10월에 캤다. 햇감자를 수확할 때가 되었다. 코크 주에 사는 열네 살 소년 디어뮈드 오도노번 로사는 가족과 함께 껍질이 불그스름한 햇감자를 캐러 갔다. 아버지가 로이**로 감자를 파냈다. 변덕스러운 날씨에도 제법 큼직하게 자란 햇감자를 보고 디어뮈드네 가족은 한시름을 놓았다.

디어뮈드네 사 남매는 아버지가 파낸 감자에 묻은 흙을 털어 냈다. 그다음에 알이 굵은 것과 잔 것을 분류해서 바구니에 따로따로 담았다. 바로 먹을 감자만 집 안에 들여놓고 나머지는 땅을 깊숙이 파서 만든 움에 저장했다. 움 속에 감자를 쏟아붓고 나서 골풀과 점토로 덮어 두었다.

햇감자는 일찍 캐서 알도 덜 여물고 껍질도 얇아 보관하기가 어려웠다. 10월에 수확해 껍질이 단단하고 갈색이 도는 늦감자와는 달랐다. 그래서 햇감자를 먼저 먹고, 늦감자는 저장해 두었다가 겨울과 봄철 식량으로 썼다. 또 봄에 심을 씨감자로도 썼다. 일단 심기만 하면 모든 '눈', 즉 오목하게 팬 부분에서 새싹이 텄다.

---

*   lazy-bed: 흙을 갈아엎지 않은 땅에 씨감자를 뿌리고 물이 빠지도록 고랑을 만들면서 파낸 흙을 감자 위에 덮어 재배한다. 주로 아일랜드나 스코틀랜드의 감자밭에서 많이 볼 수 있는 형태다.
**   láí: 날이 좁다랗고 발을 올려 힘을 주는 발판이 왼쪽에만 있는 삽으로, 아일랜드 전통 농기구. 52쪽 그림 참조.

그해 가을도 내내 날씨가 변덕스러웠다. 아침나절에는 따뜻하고 화창하다가도, 오후가 되면 하늘이 잿빛으로 변해 장대비가 쏟아지곤 했다. 산들바람이 부는 날에는 이상한 냄새가 실려 왔다. 걱정스러운 마음에 농민들이 꼼꼼히 살폈으나, 감자는 무럭무럭 잘 자라는 것처럼 보였다.

늦감자 수확을 앞둔 10월 어느 날이었다. 한낮인데도 어둑어둑했다. 저녁이 되자 푸른 안개가 시골 마을을 자욱하게 뒤덮었다. 위클로 주의 농민 폴리 씨는 이렇게 말했다. "어르신들이 하나같이 그러셨죠. 하늘이 저런 빛으로 물든 건 생전처음 본다고요. 아무래도 큰 재앙이 닥칠 징조라고 다들 걱정을 태산같이 하며 잠자리에 들었어요."

이튿날 아침에는 코를 찌르는 악취가 진동했다. 감자밭에서 나는 냄새였다. 농민들도 농업 노동자*들도 오두막집에서 나와 부랴부랴 밭으로 달려갔다. 다들 넋을 잃고 멍하니 바라보았다. 감자 잎줄기가 검은 반점으로 얼룩덜룩했다. 폴리 씨가 한 말은 이랬다. "잎과 줄기가 죽은 것처럼 축축 처져 있었습니다."

사람들은 감자를 건져 보려고 안간힘을 다했다. 불을 피워 공기를 정화했고, 검게 변한 잎줄기들을 잘라 냈다. 그러나 소용없었다. 감자알을 캐고 나서는 걱정이 공포로 바뀌었다. 감자알이 검게 썩어서 물컹거렸다. 이미 땅속에서 죽어 버린 것이었다.

---

* 농사지을 자기 땅은커녕 소작할 땅도 거의 없어 주로 품팔로 생계를 유지하는 농촌 빈곤층.

늦감자 농사를 망친 것은 그야말로 엄청난 재앙이었다. 너나없이 그나마 일찍 수확한 햇감자가 상하지 않은 것만도 다행이라고 애써 마음을 다스렸다. 날짜를 잘 따져서 아껴 먹으면 될 것도 같았다. 겨울을 날 때까지 굵은 감자로 끼니를 때우고 자잘한 것은 잘 두었다가 봄철에 씨감자로 쓰기로 했다.

그런데 갈수록 태산이었다. 움에 묻어 둔 햇감자가 썩고 있다는 소식이 아일랜드 농촌 전역에 파다하게 퍼졌다. 디어뮈드네 가족은 허둥지둥 달려가 저장 감자를 살펴보았다. 디어뮈드는 당시 상황을 이렇게 설명했다. "우리 움을 열어 봤더니, 세상에, 정말로, 가장 큰 감자 몇 알이 벌써 반쯤 썩어 있었어요."

하느님이 내린 형벌

농민과 농업 노동자 들은 검게 썩은 감자를 이리저리 살펴보면서 재앙이 일어난 까닭을 곰곰 생각해 보았다. 도대체 무엇 때문에 감자가 썩은 것일까.

누구는 감자 역병이 덮치기 바로 전에 시커멓게 변한 하늘을 떠올렸다. 여기저기서 요정을 탓하며 불만을 터뜨렸다. 아일랜드 시골에 요정이 산다고 믿는 사람들이었다. 요정 종족들끼리 벌인 전쟁 때문에 하늘이 검게 변한 것이라고 입을 모았다. 이를테면 요정 종족이 서로 감자를 독차지하려고 전쟁을 일으켰다는 얘기였다.

어떤 여자가 한 말은 이랬다. "수확할 때가 되면 요정들 싸움이 잦았대요. 우리 아버지 말씀이, 대기근이 든 그해에는 하늘에서 싸우는 소리가 굉장히 크게 들렸답니다. 요정들이 '검은 감자다, 검은 감자. 이번엔 우리가 차지할 테다.' 하더라는 거예요. 그랬는데 그해 감자가 몽땅 검게 변해 버린 거죠."

더러 요정들한테 감자를 빼앗기지 않으려고 대책을 마련한 사람도 있었다. 가장 악명 높은 요정은 파르리어Fear Liath였다. '회색 인간'이라고도 불리는 이 요정은 곰팡내를 풍기며 안개로 뒤덮인 모습으로 바닷가나 고원지대나 움푹 팬 습지에 출몰했다. 파르리어에게서 감자를 지키기 위해, 사람들은 감자를 저장해 둔 움 가장자리에 성수를 뿌리고 성모 메달을 걸어 두었다.

아무런 대책도 세우지 않은 사람들은 후회했다. 리머릭 주의 농민 조니 어헌도 그랬다. "아버지가 단단히 이르셨건만 무시했죠. 귓등으로도 안 들었어요. 게다가 저는 집 안에 감자를 쌓아 두었기 때문에 굳이 액막이 물건을 세워 둘 것까지 없다고 생각했어요. 그럴 시간도 없었고요. 그런데 이튿날 아침에 감자를 살펴봤더니, 몽땅 검게 변해서 못 먹게 됐더라고요. 파르리어가 손길을 뻗은 겁니다. 단한 알도 빼놓지 않고."

감자 역병을 '천벌'이라고 여기는 사람도 있었다. 지난해에 남아도는 감자를 함부로 내버린 벌로 하느님이 감자 역병을 보냈다고 믿었던 것이다. 코크 주에 사는 윌리엄 파월은 이렇게 말했다. "대기근이 든 것은 하느님의 뜻이었어요. 풍족하다고 해서 사람들이 멀쩡한 음식을 마구 버렸으니까요."

과연 천벌을 받을 만한 부끄러운 일이라고 여긴 어느 여자도 이렇게 말했다. "아예 캐지도 않고 밭에 그대로 놔둔 사람도 있었죠. 성한 감자를 밭두렁이나 도랑에 버려서 썩힌 사람도 있었고요."

디어뮈드 오도노번 로사는 달랐다. 감자 역병이나 대기근이 하느님이 내린 벌이라는 생각은 얼토당토않다고 믿었다. 디어뮈드의 말이다. "우리 아일랜드인을 창조한 신한테 그런 무지막지한 덤터기를 씌우긴 싫어요." 디어뮈드가 생각하기에 비난받을 대상은 따로 있었다. 그건 바로 아일랜드 땅을 거의 대부분 거머쥔 채 권세와 부를 누리는 영국인 지주들이었다.

감자 농사는 완전히 망쳤지만, 디어뮈드네는 아직 수확할 밀이 조금 남아 있었다. 팔아서 소작료를 내려고 재배하는 곡식이었다. 그런데 밀을 베어 낟가리를 쌓자마자 지주가 사람을 보냈다. '파수꾼'이라고 부르는 지주네 일꾼이 소작료를 받아 내려고 버티고 서서는 밀에 손도 못 대게 했다.

"그 파수꾼들은 우리 집에서 진을 치고서, 밀알을 털고 자루에 담고 방앗간으로 가져가는 것을 일일이 감시했어요. 우리 엄마가 방앗간에 갈 때도, 방앗간에서 마름한테 갈 때도 엄마 뒤에 따라붙었어요. 그날 마름이 읍내에 있었거든요." 마름이 하는 일은 지주 대신 토지를 관리하고 소작료를 걷는 것이었다.

디어뮈드네 엄마는 땡전 한 푼까지 탈탈 털리고 빈손으로 집에 돌아왔다. 마름이 소작료로 다 털어 갔다. "우리 아버지 심정이 어

19

갑자기 불어닥친 돌풍을 막으려고 행인들이 외투를 둘러쓰고 있다. 요정들이 마구 휘젓고 다니면서 세찬 바람을 일으킨다고 믿는 사람이 많았다. 그런 현상을 시 구이헤(Sídhe Gaoithe), 즉 요정 돌풍이라고 부른다. 이것은 대니얼 맥도널드(1821~1853)가 유화로 그린 요정 돌풍이다.

- 아일랜드 유니버시티 칼리지 더블린 대학교, 아일랜드 민속학과 제공.

땠을까요. 엄마 심정은요. 먹여 살릴 자식은 주렁주렁 넷이나 되는
데…… 감자는 몽땅 썩어 버리고, 밀은 한 줌도 안 남았으니…… 그
건 두말할 것도 없이 영국인 지주들이 일으킨 재앙이었어요. 그 악마
같은 자들이 아일랜드에 엄청난 저주를 내린 거라고요."

　디어뮈드네 지주만 유독 무자비한 것은 아니었다. 감자 농사를
폭삭 망친 사람들에게서 어떻게든 소작료를 받아 내려는 지주가 한
둘이 아니었다. 무엇으로든 자기 소작료부터 챙길 욕심에 돈 대신 가
축과 곡식을 압수했다. 당장 굶주리게 생긴 아일랜드 백성들이 보기
에, 영국인 지주의 소작 제도는 사랑하는 조국과 그 땅에 사는 자신
들한테 내린 저주나 다름없었다.

더없이 큰 저주

영국인과 아일랜드인 사이에 적대감이 쌓이기 시작한 것은 몇백 년
전, 그러니까 감자가 아일랜드에 들어오기 한참 전부터였다.* 아일랜
드는 영국과 아주 가까웠다. 배를 타고 아일랜드 해를 하루만 건너가
면 닿을 거리에 있었다. 1169년부터 1530년까지 영국**은 수없이 아
일랜드를 정복하려 들었다. 아일랜드는 그때마다 영국을 물리치려고

---

* 　감자가 아일랜드에 들어온 것은 16세기 말이다.
** 　이 시기의 'England'는 역사적으로 엄밀히 '잉글랜드'라고 표기해야 옳지만, 이 책에서는 '영국'으
로 표기하되 왕국을 세분해 열거하는 대목에서는 '잉글랜드'로 표기한다.

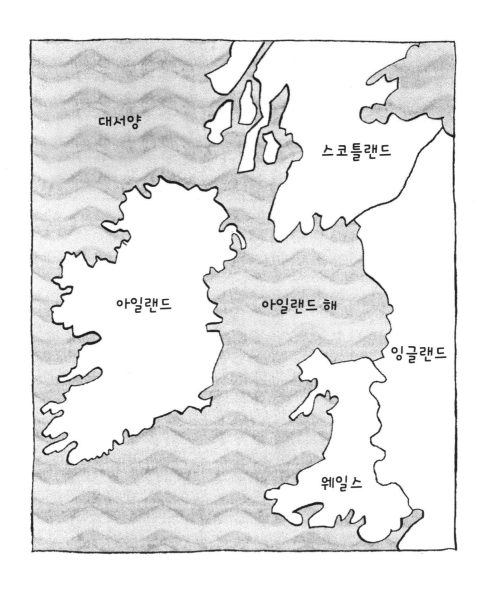

아일랜드 섬의 전체 면적은 약 8만 4,000제곱킬로미터*로 미국 메인 주와 크기가 비슷하다.

전투를 숱하게 치렀다. 그러나 영국군을 아일랜드에서 완전히 몰아내는 데 성공한 적은 없었다. 영국에 정복당할 때마다 아일랜드인은 영국인을 한층 증오했다.

민족**이 다른 데서 비롯된 영국인과 아일랜드인 간의 적대감은 종교 갈등까지 불거지면서 더욱 깊어졌다. 1534년에 영국 국왕 헨리 8세는 로마 가톨릭교와 갈라서겠다고 선언하고 스스로를 영국 국교회***의 수장이라 칭했다. 16세기에는 '종교의 자유'라는 개념이 아예 없었다. 아일랜드를 정복하고 지배력을 유지하기 위한 수단으로 헨리 8세와 이후 신교도 국왕들은 아일랜드의 가톨릭교를 탄압했다. 영국인과 아일랜드인으로 대립하면서 생긴 갈등이 이제는 영국인 신교도와 아일랜드인 가톨릭교도의 대립으로 번졌다.

따지고 보면 신교도와 가톨릭교도는 같은 신에게 기도를 하는 같은 기독교도로서 역사적 뿌리도 같다. 그런데 신앙이 다르다는 이유로 아일랜드는 엄청난 비극을 겪고 말았다. 이후 100년 동안 영국은 가톨릭교를 믿는 아일랜드인의 토지를 박탈하고 신교를 믿는 잉글랜드인과 스코틀랜드인, 즉 영국인을 그곳에 정착시켰다. 자신들이 판단하기에 야만스럽고 반항적인 아일랜드인에게 질서 의식을 심어 주고 교화하겠다는 의도였다.

---

*   한반도 면적의 약 3분의 1.
**   영국인은 앵글로–색슨족, 아일랜드인은 켈트족이다.
*** 종교 교리는 신교에 가깝고 의식에는 구교의 요소가 많이 남아 있는 개신교의 한 교파로, 흔히 영국 성공회라고 부른다.

오랜 세월 아일랜드의 요새로 쓰인 이 성당은 티퍼레리 주 캐셜 바위 꼭대기에 있다. 폐허로 남은 이 요새
성당은 수백 년에 걸친 영국의 침략과 정복, 뒤이어 식민 지배를 받은 아일랜드의 역사를 생생하게 보여
주는 구체적인 증거이다.

– 리처드 러벳, 『아일랜드 화보집』(Irish Pictures), 릴리저스 트랙트 소사이어티 출판사, 1888.

아일랜드 가톨릭교도는 조국을 식민지로 삼으려는 영국에 맞서 격렬하게 싸웠다. 그러나 1690년 보인 강 전투에서 신교도인 윌리엄 3세가 이끄는 영국군에게 크게 패배한 뒤부터 아일랜드 가톨릭교도가 권력을 잡을 가능성은 없어 보였다. 윌리엄 3세와 영국 의회는 그 한 가닥 가능성까지 철저히 없애려고 아일랜드 가톨릭교도를 처벌하고 권리를 박탈하는 여러 가지 법률을 제정했다. 그 법률들을 통틀어 처벌법Penal Laws이라고 불렀다.

이 처벌법에 따라 가톨릭교도는 투표를 할 수도 없고, 공직에 오르지도 못하게 되었다. 또한 무기 소유 및 휴대가 금지되었고, 법률로 정한 특정 직업에는 종사할 수 없었고, 자식에게 가톨릭 교육을 시키는 것조차 금지되었다. 토지를 구입할 권한과 자기 땅을 마음대로 물려줄 권한까지도 빼앗겼다. 또한 값이 5파운드[현재 원화 가치로 약 80만 원]*를 넘는 말을 소유하는 것도 금지되었다.

어떤 가톨릭교도는 자기 땅을 지키기 위해 신교로 개종했다. 누구는 아예 토지 점유권을 포기하고 미국으로 이주하기도 했다. 몇 년 사이 가톨릭교도의 토지는 신교를 믿는 부유한 영국인과 영국계 아일랜드인 손에 넘어갔다. 신교도는 처벌법의 비호를 받으며 권세 높은 지주가 되고 아일랜드의 지배층이 되었다.

그런데도 아일랜드의 가톨릭교도는 줄어들 줄 몰랐다. 1800년

* 독자들의 이해를 조금이나마 돕기 위해 www.measuringworth.com과 여러 자료를 이용해 현재 원화로 환산한 대략적인 금액을 제시한다. 화폐 가치를 따지는 것은 대단히 복잡하고 변수가 많은 일이니 오로지 참조만 하기 바란다.

영국 하원 의원들이 빅토리아 여왕 앞에 서 있다.

-『일러스트레이티드 런던 뉴스』, 1845. 2. 8.

까지 아일랜드 인구의 80퍼센트가 가톨릭교를 믿었다. 처벌법 중 상당수가 폐기되거나 완화된 뒤에도 아일랜드 가톨릭교도는 참정권을 완전히 누리지 못했다.

1800년에 윌리엄 피트 영국 총리는 합병법Act of Union에 합의하도록 아일랜드 지도층을 회유했다. 이 조약을 맺으면 아일랜드는 이미 잉글랜드, 스코틀랜드, 웨일스가 합병하여 연합 왕국을 형성한 영국과 정식으로 한 나라가 되는 셈이었다. 아일랜드 지도층은 이 조약에 합의했다. 아일랜드 가톨릭교도의 참정권이 완전하게 보장받으리라 믿었기 때문이다.

1801년 합병법이 발효되면서 아일랜드 가톨릭교도의 앞날은 밝아 보였다. 가톨릭교도들은 온갖 억압에서 해방될 날을 이제나저제나 기다렸다. 세계에서 가장 부강한 영국과 정식으로 하나가 되었으니, 인제 아일랜드도 경제가 좋아지리라 내다보았다. 아일랜드 지도층은 기쁨을 가누지 못했다. 아일랜드인을 대변할 사람이 영국 의회에 진출해 연합 왕국의 입법 기관에서 일하게 되다니 꿈만 같았다.

그러나 아니었다. 아일랜드에 할당된 의회의 의석 수는 아주 적었다. 입법권을 행사하기에는 너무나 적은 수였다. 아일랜드 가톨릭교도들이 간절히 바랐던 참정권마저 되찾지 못했다. 의회에 진출할 수 있는 의원 피선거권은 오직 부유한 지주층 신교도에게만 주어졌다. 합병법이 발효된 뒤에도 아일랜드의 가톨릭교도, 노동자, 농민, 상인, 여성은 투표할 권리를 얻지 못했다.

[가톨릭교도에 대한 갖가지 차별 규정을 폐지한] 가톨릭교도 해방령Catholic

27

Emancipation Act은 1829년에야 가결되었다. 합병법이 발효된 지 30년 가까이 지난 뒤였다. 약속을 어긴 것에 몹시 실망한 아일랜드인들은 영국인들에게 더더욱 분개했다. 아일랜드 백성에게 대영제국의 지배와 영국인 지주의 소작 제도는 더없이 큰 저주가 되고 말았다.

특별히 남겨 둔 감자

아침에도 감자

점심에도 감자

한밤중에 자다 깨도

감자를 먹겠지.

—19세기 동요

많은 사람이 보기에 아일랜드는 풍요의 땅이었다. 이 에메랄드빛 섬에는 기름진 농토와 푸른 들판, 고층 습원*, 호수, 강이 많았다. 산등성이는 정성껏 다듬은 듯 우아하게 내리뻗어 있고, 해안선 총 길이는 3,000킬로미터가 넘는다.

아일랜드에는 사람이 많이 살았다. 1845년 무렵에는 800만 명이 넘어서, 작디작은 그 섬나라가 유럽에서 인구 밀도 1위를 차지하기도 했다. 캐번 주에 살던 바니 가건은 이렇게 말했다. "대기근 때보

---

* 물이끼류의 식물이 잘 자라는 습기 많은 초원으로, 가운데가 가장자리보다 볼록 솟아 '고층'이라는 말이 붙는다.

어려운 시절에 극빈층은 거리를 떠돌며 음식과 돈을 구걸했다.

－『픽토리얼 타임스』, 1846. 2. 14.

다 인구가 서너 배는 많았어요. 이 근방은 거의 4에이커마다 집이 한 채씩 있었지요. 누구는 고작 2에이커밖에 안 되는 땅에 집을 지었고, 1에이커에다 지은 사람까지 있었어요."

아일랜드에는 가난한 사람도 많았다. 농업 노동자가 300만 명쯤 되었는데 몹시 가난했다. 여행자들이 소스라치게 놀랄 만도 했다. 초라하기 짝이 없는 집부터 누더기를 걸친 노동자, 맨발로 다니는 수많은 사람들, 거의 헐벗은 아이들까지 믿기지 않는 풍경이었다. 영국이라는, 세상에서 가장 부강한 나라가 다스리는 아일랜드에 이토록 비참하게 살아가는 사람들이 있다니. 도대체 어찌 된 영문인가.

그저 원수일 뿐

아일랜드의 빈곤은 토지 제도 탓이 컸다. 1845년에는 아직 산업혁명의 영향이 아일랜드에 미치지 않았다. 영국과 미국처럼 새로운 기계 시설과 공장이 없었던 때라 아일랜드 백성은 대부분 땅을 일구며 살아갔다.

토지 제도로 보면 아일랜드인은 세 계층으로 갈렸다. 토지를 가진 부유하고 권세 있는 지주층, 농민층, 농업 노동자층이었다. 지주는 거대한 토지를 차지했다. 6만 에이커[서울특별시 면적의 약 40퍼센트]가 넘는 드넓은 땅을 가진 지주도 더러 있었다. 아일랜드에서 널찍한 전원주택이나 성처럼 으리으리한 저택을 짓고 살기도 했지만, 대다수

31

대다수가 부재지주였지만 더러 이런 시골 저택에 사는 재촌지주도 있었다. 작가 마리아 에지워스네 가족이 살았던 이 집은 롱퍼드 주 에지워스타운에 있었다.

는 영국에 사는 것을 더 좋아했다. 그런 부재지주는 마름을 고용해 토지 관리를 맡겼다. 많은 부재지주가 소작료를 받아 내면 그뿐, 토지를 개선하는 데는 조금도 관심이 없었다. 따라서 수많은 사유지가 황폐해졌다.

지주들은 그들이 소유한 땅을 농민들에게 조금씩 쪼개서 빌려 주었다. 농민층은 빌린 땅의 면적에 따라 다시 세 부류로 나뉘었다. 대개 대농은 30에이커 이상, 중농은 10~30에이커, 소농은 2~10에이커를 점유했다. 지주가 현지에 살지 않는 지역에서는 대농이 권세를 부렸다.

대농은 흔히 낙농과 축산을 겸하면서 안락한 삶을 누렸다. 반면에 중농의 소득은 그저 사는 데 별 어려움이 없는 정도였다. 모든 대농과 제법 넓은 토지를 점유한 중농은 지주에게 바치는 소작료 말고도, 지역 구빈원 운영에 필요한 세금을 내야 했다. 구빈원은 생계유지가 어려운 극빈층에게 숙소와 식사를 제공하기 위해 세운 시설이었다. 대농과 중농은 소작료와 세금을 마련하기 위해, 자신들이 점유한 땅을 몇 뙈기씩 소농과 농업 노동자에게 빌려 주었다.

소농은 먹고살기도 빠듯해 아등바등했다. 뭐니 뭐니 해도 아일랜드에서 가장 가난한 계층은 농업 노동자였다. 이들은 손바닥만 한 땅을 빌려 농사를 지었다. 적게는 8분의 1에이커에서 많아야 2에이커였다. 사실 감자만 제대로 자라면 이들한테는 많은 땅이 필요 없었다. 손바닥만 한 땅뙈기에서 영양가 높은 식량을 넉넉히 거두는 데는 감자만큼 좋은 농작물이 없었다. 아무리 찢어지게 가난한 사람도 집

영세 소작농이 사는 오두막집. 다락에 햇감자가 쌓여 있다.

－『픽토리얼 타임스』, 1846. 2. 7.

이 있고 감자만 떨어지지 않으면 그럭저럭 살 만했다.

농업 노동자도 더러 감자 이외에 밀, 보리, 귀리 같은 환금작물을 재배했다. 시장에 내다 팔아 소작료에 보탤 곡식이었다. 또 노동자라면 으레 의무처럼 짊어진 일도 했다. 감자를 심거나 수확할 때조차 자기 밭일은 제쳐 두고서라도 지주나 농민네 일부터 거들 수밖에 없는 처지였다. 그런 시간이 1년에 80시간쯤 되었다.

노동자는 한 칸이나 두 칸짜리 진흙 오두막집을 자기 손으로 직접 지어서 살았다. 초가지붕을 얹고 짚과 흙을 섞어 두툼하게 벽을 쌓고 불에 여러 번 구워서 단단하게 굳힌 점토를 바닥에 깔았다. 오두막집 한 채에는 흔히 두 가구가 같이 살았는데, 옷장이나 찬장을 칸막이 삼아 가운데 두고 공간을 나눠 썼다. 왕겨 또는 헝겊을 채워 넣은 두툼한 깔개나 짚단을 잠자리로 썼다.

가축도 대개 집 안에서 사람과 함께 살았다. 암탉은 서랍장 맨 아래 칸에 들어가서 지내기도 하고, 돼지는 한쪽 구석에 따로 깔아 준 짚단 위에서 뒹굴뒹굴하며 꿀꿀거렸다. 그 돼지를 우스갯소리로 '소작료 대 주는 신사'라고 불렀다. 돼지를 시장에 내다 판 돈을 소작료에 보탰기 때문이다. 어떤 사람은 "우리가 목숨 붙이고 사는 건 감자와 군식구 덕분이야."라고 너스레를 떨기도 했다. '군식구'란 자기네 집에서 키우는 돼지를 가리켰다. 온 식구가 감자를 놓고 둘러앉아 식사할 때에만 끼어드는 식구라는 뜻이었다.

소작농들은 비싼 소작료를 바쳤다. 1년에 두 번씩, '정기 지급일'로 못 박아 둔 날에 꼬박꼬박 내야 했다. 소작료 정기 지급일은 그해 첫 곡식을 수확한 직후인 5월과 늦감자를 수확한 직후인 11월이었다. 소농과 노동자들은 용케 그 비싼 소작료를 물면서 살아온 것이 기적 같다고 했다. 숀 오던리비의 말이다. "그들에게 지주와 마름은 그저 원수일 뿐이었죠. 정기 지급일만 되면 소작료 내라 닦달하고, 들들 볶고, 그것도 모자라 집에서 강제로 쫓아내기까지 했으니까요."

그러나 소작료를 다 낸 사람이라도 안심할 수는 없었다. 돈을 내고 빌려 쓰는 임차인의 권리도 보호 대책도 없었으므로 언제든 쫓겨날 수 있는 처지였다. 쫓겨나면 이웃집에 얹혀살기도 했지만, 수많은 사람이 일거리를 찾아 이 농가 저 농가를 떠돌았다. 이처럼 소작할 땅도 없는 노동자가 일거리를 얻을 수 있는 때는 감자를 심고 거두는 계절뿐이었다. 그 기간이 길어야 1년에 대여섯 달이었다.

농업 노동자는 어떻게든 잠잘 곳과 감자 심을 자투리땅이라도 찾아야 했다. 흔한 주거 형태 중 하나가 도랑둑에 만든 반토굴집이었다. 어른 키 높이로 흙을 파낸 자리에 지붕널을 걸쳐 놓고 골풀이나 나뭇가지로 지붕을 얹은 집이었다. 네드 버클리는 이렇게 말했다. "반토굴집 짓는 솜씨가 뛰어난 사람들도 있었죠. 바람이 들어올 틈새 하나 없어서 따뜻하고 아늑했어요. 통풍 문제가 있긴 했지만요."

축축한 습지에 움막을 짓고 사는 사람들도 있었다. 움막이 워낙 땅 밑으로 푹 꺼져 있어서 바로 옆을 지나가는 사람 눈에도 잘 띄지 않았다. 한번은 어떤 의사가 움막에 사는 사람을 진료하러 왔다. 환자가 산다는 움막을 찾으려고 조금 볼록하게 솟은 곳에 올라서서 두리번거리는데, 갑자기 외쳐 부르는 목소리가 들렸다. "에구, 의사 선

소작할 땅조차 없는 농업 노동자층에 속하는 두 여인.
이들은 도랑둑을 파고 짚으로 지붕을 얹은 반토굴집에 산다.
－『일러스트레이티드 런던 뉴스』, 1849. 12. 29.

생님! 지붕에서 내려오세요. 환자는 이 안에 있어요!"

깜짝 놀란 의사가 내려가 보니 움막 입구가 나왔다. 환자는 음산하고 비좁은 움막 안 짚단에 누워 있었다. 연기가 자욱하긴 해도 그나마 토탄 모닥불을 피워 놓아 훈훈했다. 또 여봐란듯이 작은 식탁 하나, 민걸상 세 개, 솥단지 하나, 이가 빠진 접시와 컵들을 올려 둔 선반까지 갖춰져 있었다.

자랑스러운 말

아일랜드 농업 노동자는 대기근이 들기 전에도 삶이 고달팠다. 그렇다고 즐거움까지 없는 것은 아니었다. 결혼식이나 장례식이 있을 때면 먼 길도 마다하지 않고 찾아갔고, 크고 작은 장이 설 때마다 나들이를 나갔고, 경마 대회와 헐링(필드하키와 비슷한 게임) 시합에도 참가했다. 일요일에는 꼬박꼬박 성당 미사에 참석했고, 성 패트릭*의 날, 부활절, 크리스마스, 새해 첫날 같은 경축일을 기렸다.

2월 1일은 낙농업의 수호성인인 성녀 브리지드의 날이었다. 바로 이날부터 아일랜드인은 감자를 심기 시작했다. 땅이 따뜻해지면, 남정네와 소년들은 이끼 낀 흙을 삽으로 갈아엎고 씨감자를 심었다. 그리고 나면 아낙네와 소녀들이 감자밭을 돌보면서 이랑이 허물어지

---

* 아일랜드의 수호성인이자 아일랜드에 기독교를 전파한 인물.

초상집에서 밤샘하는 아일랜드의 경야(經夜) 풍습. 유가족도 문상객도 고인을 애도하는
한편 즐거운 시간을 보내기도 한다. 여자들은 시신을 내려다보며 곡을 하거나 슬피 울고,
남자들은 바로 옆 탁자에 앉아 술을 마시며 이야기를 나누고 있다.

– 『하퍼스 위클리』(Harper's Weekly), 1873. 3. 15. 영국 의회도서관 제공.

지 않도록 살피고, 흙덩어리를 잘게 부쉈다. 엄마들은 또 버터를 만들고, 귀리 빵을 굽고, 물을 길어 나르고, 뜨개질과 바느질을 하고, 막냇자식도 보살폈다. 큰 아이들은 텃밭도 가꾸고, 이삭을 쪼아 먹으려고 날아드는 새들을 쫓고, 돼지와 소와 닭에게 먹이도 주었다.

씨감자를 다 심고 나면, 노동자들은 습원에 나가서 겨울철 땔감으로 쓸 토탄을 로이로 떠냈다. 갖가지 풀과 식물이 썩으면서 켜켜이 쌓여 토탄층을 이룬 질퍽질퍽한 초원 곳곳에 자잘한 흰 꽃이 무더기무더기 피었다. 제임스 휴스가 들려준 말은 이랬다. "푸른 점토를 3미터쯤 파내면 훌륭한 땔감을 얻었지요. 비누처럼 부드럽고 미끌미끌한 토탄을 벽돌처럼 떠낼 수 있거든요. ⋯⋯그것을 잘 마르도록 줄줄이 널어놓았지요."

햇볕에 꾸덕꾸덕 마른 토탄을 집으로 싣고 가서, 문밖에 차곡차곡 쌓고 속까지 잘 마르도록 짚으로 덮어 두었다. 화로에서 토탄 불이 타오르고 감자만 넉넉하면, 아무리 가난한 집도 온 식구가 겨우내 배불리 먹고 따뜻하게 지낼 수 있었다.

아일랜드인은 틈만 나면 가족과 친지가 한자리에 모여 어울리기를 좋아했다. 밤이면 이웃집을 찾아가 화롯가에 둘러앉았다. 그렇게 모여 피들*을 켜고, 춤도 추고 노래도 불렀다. 유령과 요정 얘기, 용맹무쌍한 아일랜드 영웅들이 전쟁에서 공을 세운 민담으로 이야기꽃을 피웠다. 그런 자리에서 듣고 자란 덕분에 취학 전에도 자랑스러운

---

* 바이올린과 비슷한 아일랜드 민속 악기.

아일랜드의 역사를 모르는 아이는 거의 없었다.

아일랜드 농촌에서 아일랜드어를 쓰는 노동자는 거의 200만 명이었다. 영어를 할 줄 아는 사람도 지주나 관리 앞에서만 영어로 말했다. 디어뮈드 오도노번 로사는 이렇게 말했다. "아일랜드어는 자랑스러운 말이었어요. 식사하면서 가족끼리 쓰는 말이었고, 외양간에서 우유 짜면서 쓰는 말이었고, 감자를 심고 거둘 때 쓰는 말이었고, 곡식을 베면서 쓰는 말이었고, 메헬**과 가을걷이 풍년제 때 쓰는 말이었거든요."

아이들은 '산울타리 학당'이라고 부르는 학교에 다녔다. 더운 날에는 교사가 학생들을 이끌고 나가 산울타리 응달에 앉아서 수업을 했다. 때로는 반토굴집이나 진흙 오두막집이나 헛간에서도 공부했다. 수업은 아침부터 시작했고, 월요일부터 토요일까지 일주일에 6일을 했다. 소작인 자녀를 위해 지주가 자기 사유지에 세운 학당도 몇 군데 있었다.

대체로 남자아이가 여자아이보다 교육을 더 많이 받았고, 겨울에는 학교에 나오지 않는 아이가 더 많았다. 따뜻한 겨울옷이 없었기 때문이다. 교과서는 턱없이 모자라서 여럿이 같이 봐야 했다. 예를 들어 전교생이 서른 명인 산울타리 학당에 쓰기 책이 여덟 권, 기초 읽기 책이 네 권, 교리 문답서가 두어 권뿐이었다.

학부모는 1년에 네 번 수업료를 냈다. 수업료는 과목마다 달랐

** meitheal: 아일랜드의 협동 노동으로, 우리나라 품앗이와 비슷하다.

풍년이 들면, 위와 같이 여자들은 달걀, 버터, 남는 감자를 장에 내다 팔았다. 푼돈이라도
벌어, 아직 햇감자를 수확하기 이른 여름철에 끼니로 쓸 귀리 가루를 사는 데 보탰다.

– 윌리엄 메이크피스 새커리, 『아일랜드 스케치북』(The Irish Sketchbook),

스미스, 엘더 앤드 컴퍼니 출판사(런던), 1865.

다. 읽기와 쓰기는 2실링 2펜스[약 2만 원], 수학은 4실링 4펜스[약 4만 원]였다. 형편에 따라 수업료를 토탄이나 버터나 달걀로 치르기도 했고, 교사에게 숙박과 식사를 제공하는 것으로 대신하기도 했다.

공교육 제도는 1831년에 수립되었다. 초등교육은 무상으로 실시했지만, 값비싼 대가를 치러야 했다. 아일랜드어가 금지되었고, 아일랜드 역사 대신 영국 역사를 배워야 했다. 산울타리 학당에서 근무하던 교사 상당수가 공교육 제도를 실시한 뒤에도 그대로 선생 노릇을 했다. 그러나 교육위원회가 규정한 교육과정에 따라 가르치는 것을 거부할 때가 많았다.

아일랜드의 노동자들은 일찍 결혼했다. 여자는 16세, 남자는 여자보다 한두 살 많은 나이에 결혼하는 것이 풍습이었다. 갓 결혼한 부부는 작은 오두막집을 지어 따로 살았다. 좁은 땅에 진흙으로 급하게 지은 오두막집에 살림살이라곤 솥 하나, 민걸상 하나, 짚으로 엮은 잠자리가 전부였다. 아일랜드인은 자식을 소중하게 여겨서 자연스레 대가족을 이루었다. 그런 아일랜드의 조혼과 대가족 풍습을 영국인은 비난했지만, 어느 가톨릭 주교는 이런 말로 두둔했다. "더 가난해지려야 가난해질 것도 없는 사람들이니…… 서로 도와 가며 살수도 있지요."

실제로 아일랜드인은 서로 돕고 살았다. 아이가 자라서 어른이 되고 자기 가정을 꾸리면, 대개 막냇자식을 데리고 사는 늙은 부모를 보살피곤 했다. 한 여자는 이렇게 말했다. "사랑이 있으면 감자 하나를 반으로 쪼개 먹어도 마음이 편안한 법이죠."

이야기꾼은 놀랍도록 기억력이 뛰어나고 입담이 좋았다.
그들은 옛이야기, 발라드, 시로 자랑스러운 아일랜드의 역사를 들려주었다.

- 『일러스트레이티드 런던 뉴스』, 1850. 12. 21.

아일랜드인은 배타적이고 거칠다고 알려져 있지만 실제로는 너그럽고 인정이 많았다. 아무리 가난에 쪼들려도, 여행자든 거지든 손님을 문전박대하는 법이 없었다. 예수가 이런저런 모습으로 손님처럼 찾아온다고 여겼기 때문이다. 손님을 밖에 세워 두고 문을 닫아 버리는 짓은 자신이 들어갈 천국의 문을 예수에게 닫아 버리게 하는 것과 다름없는 위험한 행동이라고 믿었다. "우리 화로에는 특별히 남겨 둔 따끈한 감자가 있다네. 축축한 습지와 진창길을 걷는 나그네 몫이라네." 이 옛날 노랫말에서 그런 풍속을 잘 엿볼 수 있다. 음식을 얻어먹은 사람은 베풀어 준 이의 영혼을 위해 기도하는 것으로 은혜를 갚았다.

아일랜드인은 대다수가 신앙심 깊은 가톨릭교도였지만, 요정도 믿었다. '선량한 종족' 또는 '작은 종족'이 폐가, 바윗골과 언덕, 바다에 산다고 생각했다. 그래서 요정이 사는 신성한 숲을 소중하게 여겼고 언덕을 함부로 해치지 않았다. 성질 급한 요정을 달래려고 민간 신앙을 따르기도 했다. 문밖에 음식을 차려 놓고, 빵 부스러기나 버터를 조금 남겨 두고, 화로를 깨끗이 청소했다. 또한 물, 특히 발을 씻은 구정물을 바깥에 쏟아 버릴 때면 먼저 조심하라며 크게 외쳤고, 어두운 밤을 밝힐 불씨를 꺼뜨리는 법이 없었다. 피트 헤퍼먼은 이렇게 말했다. "그런 것만 신경 쓰면, 요정이 해코지하는 일은 절대 없을 겁니다."

감잣고개

추위에도 잘 견디는 감자는 큰 단점이 하나 있었다. 1년 내내 두고 먹기가 어렵다는 점이었다. 잘해야 아홉 달쯤 먹을 수 있었다. 5월쯤 되면 저장 감자는 동나고 햇감자를 캐기에는 아직 일렀다. 이른바 '배고픈 철'로 통하는 여름철 감잣고개가 시작되는 때였다.

감잣고개가 닥치면 남정네와 나이 많은 소년들은 일거리를 찾아 집을 떠났다. 멀리 영국까지 건너가는 일도 흔했다. 아낙네와 소녀들, 어린아이들은 집에서 작은 텃밭을 가꾸고, 산열매를 따고, 쐐기풀과 야생 양배추를 캐서 끼니를 때웠다. 극빈층은 여기저기 떠돌며 동냥을 했다. 대부분은 자존심 때문에 한동네에서는 동냥을 하지 않았다.

극빈층이 지독한 가난에 시달리다 마지막으로 기대는 곳이 노역소workhouse 또는 빈민의 집poorhouse으로 불리는 지역 구빈원이었다. 1838년에 시행한 아일랜드 구빈법Poor Law Act에 따라, 아일랜드의 행정구역 32개 주가 130개 구빈 조합으로 개편되었다. 각 구빈 조합마다 극빈자에게 숙소와 식사를 제공할 구빈원을 세웠다. 구빈원은 '구빈원 관리 위원회'Board of Guardians가 운영했다. 구빈원 관리 위원은 해당 지역에서 선출했는데, 거의 대부분 지주나 지주에게 권한을 위임받은 대리자였다.

구빈원의 건물 구조는 군대 막사와 감옥을 합쳐 놓은 모습이었다. 가뜩이나 삭막한 건물을 높다란 담으로 둘러치고 철문은 굳게 잠갔다. 규모는 지역에 따라 달랐고, 수용 인원은 200명에서 2,000명까지 다양했다.

아일랜드인은 구빈원이라면 질색했다. 그만큼 대우가 모질고 환경이 나빴다. 웨스트미드 주에서 농사를 짓던 윌리엄 킨은 이렇게 말했다. "구빈원은 끔찍했어요. 거기 들어가는 걸 다들 몹시 꺼렸죠…… 그때 구호 대상자pauper라고 불리던 가난한 사람들을 가혹하게 대했거든요. 급식은 질도 양도 형편없었어요. 직원들까지 피도 눈물도 없었고요."

일단 구빈원에 들어가면, 한식구를 갈라서 각기 다른 숙소에 배정했다. 모든 사람은 목욕을 한 뒤 투박한 구빈원 원복을 한 벌씩 받고 잠잘 방을 배정받았다. 식사는 하루에 두 끼를 받았다. 대개 우유와 빵, 귀리 가루로 쑨 밍밍한 오트밀이 나왔고, 형편에 따라 더러 감자가 곁들여 나오기도 했다.

구빈원 규율은 감옥만큼이나 엄격했다. 어른은 물론 아이도 예외 없이 정해진 시간표에 따라 일어나고, 자고, 식사를 했다. 욕설은 말할 것도 없고 식사 중 대화, 카드놀이, 흡연과 음주도 금지되었다.

몸이 성한 입소자는 누구나 일을 했는데, 주로 고되고 단순한 노동이었다. 성인 남자와 소년들은 곡식을 빻거나, 돌을 깨거나, 건물 바깥일을 했다. 성인 여자와 소녀들은 바닥 걸레질, 뜨개질과 바느질, 빨래를 하고, 환자나 노인, 어린아이를 돌봤다. 아이들은 수업에 참석해서 기술 교육을 받기도 했다. 예를 들어 여자아이들은 하녀가 해야 할 일 따위를 배웠다.

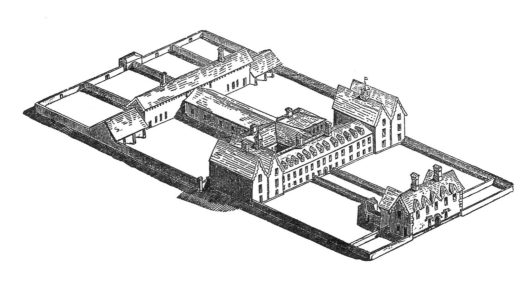

아일랜드에 들어선 구빈원의 전형적인 구조. 무단출입을 막기 위해 높은 담을 세웠다.

– 새뮤얼 카터 홀, 『아일랜드 1841~1843』(Ireland, 1841~1843) 3권, 홀, 버추 앤드 컴퍼니 출판사(런던),
1860. 영국 의회도서관 희귀본실 제공.

구빈원에 들어가는 것은 선택할 수 있었지만, 구빈원 퇴소는 물론 바깥출입을 할 때도 반드시 허락을 받아야 했다. 만일 구빈원에서 도망쳤다가 원복을 입은 채로 붙잡히면 절도죄로 고발당했다.

구빈원 운영 자금을 마련하기 위해 지주와 농민에게 세금을 걷었다. 구빈법으로 정한 지방세, 곧 '구빈세'였다. 어려운 시절에는 소작인에게 양식을 나눠 주고 일자리를 주는 지주도 더러 있었다. 하지만 대부분은 구빈원을 운영하는 것으로 자기 의무를 다했다고 여겼다.

악랄하기로 소문난 지주도 있었다. 양식을 좀 달라고 하소연하는 사람에게 "지옥으로 꺼져." 하고 악담을 퍼붓어 대다가 구빈원이 세워진 이후에는 "구빈원으로 꺼져 버려라."라고 했다는 것이다. 지주가 그렇게 말을 바꾼 것에 빗대어 한 여자는 이렇게 꼬집었다. "그러니까 그 구빈원이란 데가 망령을 보관해 두는 대형 저장고였던 셈이죠. 전에는 '지옥으로' 꺼지라더니만, 이젠 '구빈원으로' 꺼져 버리라는 걸 보면 틀림없어요."

ᏬᏬ 3장

조금만 도와주시기를

언제나 두 손으로 할 일이 있기를
언제나 지갑에 동전 한두 푼은 들어 있기를
언제나 유리창에 햇빛이 비춰 들기를
비 온 뒤에는 꼭 무지개가 뜨기를
언제나 벗의 손길이 가까이 머물기를
하느님이 가슴 한가득 채워 주는 기쁨을 누리며 힘내기를

—아일랜드 전통 축원문

1845년 감자 흉작으로 가장 큰 타격을 입은 것은 농업 노동자였다. 그 수가 무려 600만 명이나 되었다. 아일랜드에는 워낙 일자리가 부족했다. 감자 수확이 끝나면 그나마 있던 일거리마저 끊기기 일쑤였다. 노동자들은 감자 수확기에 품을 팔아서 그해 겨울과 이듬해 봄까지 생계를 유지했다. 그런 터에 감자 농사를 쫄딱 망쳤으니 여름철 감잣고개가 가을까지 이어졌다.

어른은 물론 아이까지 너나없이 들판이며 길섶이며 도랑둑까지

샅샅이 훑고 다녔다. 쐐기풀이나 양배추 따위의 푸성귀를 뜯었다. 수확하다 빠뜨려 듬성듬성 남은 순무를 캤다. 순무를 손질하고 버린 쓰레기 더미에서 우거지와 꽁다리를 골라내 집으로 가져갔다. 그렇게 긁어모은 것들은 끓여 봐야 얼마 되지도 않았지만, 잠깐이나마 허기를 잊을 수는 있었다.

많은 사람이 밤을 틈타 먹을거리를 찾아 나섰다. 누군가는 식구들 입에 풀칠조차 못 하는 수치스러움을 감추기 위해서였다. 누군가는 훔치기로 작정했기 때문이다. 한 농부는 어느 날 밤 자기네 텃밭에서 수상쩍은 소리가 들리기에 나가서 살펴보니 이웃 사람이 있더라고 했다. 농부가 어처구니없어서 "대체 밤에 이게 무슨 짓인가. 낮에 찾아왔으면 내 기꺼이 주었을 텐데." 하자, 이웃 사람은 이렇게 대답했단다. "낯부끄러워서 이렇게 구차하게 사는 꼴을 아무한테도 알리고 싶지 않았네."

굶주림에 시달릴수록 사람들은 점점 더 대담해졌다. 웨스트미드주에 사는 한 여자가 한 말은 이랬다. "남정네들이 쇠꼬리를 몰래 잘라 가곤 했어요. 지주가 잠들 때를 엿보다가 살금살금 들어가서 꼬리를 잘랐지요. 그러곤 가죽을 벗겨 내고 구워 먹곤 했답니다."

남자들은 아주 작당을 해서 소 떼를 찾아 몇 킬로미터씩 돌아다녔다. 일단 소 떼를 발견하면 한 마리만 구석으로 몰았다. 몇 명이서 소를 잡고 있으면 한 사람이 목 핏줄을 잘랐다. 거기에다 그릇이나 가죽 물통을 대고 피를 1리터쯤 받아 낸 다음 자른 부위를 바늘로 꿰맸다. 소는 그 정도 피를 뽑아내도 별 탈이 없었다. 남자들이 선지를

한 여자가 수확을 끝낸 밭에서 로이로 남은 감자를 캐고 있다.
뒤쪽으로 넋을 놓고 자식을 내려다보는 어머니가 보인다.
─『일러스트레이티드 런던 뉴스』, 1849. 12. 22.

각자 집으로 가져가면 부인들이 버섯이나 양배추를 넣고 볶거나 검붉은 푸딩을 만들었다. 선지에는 철분과 단백질이 풍부해서 고기 대용으로 쓸 만했다.

겨울이 다가오면서 밀가루와 귀리 가루를 비롯한 각종 식품값이 치솟았다. 도매상도 소매상도 앞다퉈 밀가루와 귀리 가루를 사재기해 놓고는 값을 두 배로 올려 찔끔찔끔 팔았다.

뾰족한 수가 없는 농업 노동자는 가구, 침구, 여벌 옷가지들을 팔았다. 돼지, 닭, 소를 파는 것도 모자라서 농기구며 어망까지 전당잡혔다. 한마디로 식량을 마련하려고 돈이 될 만한 것은 무엇이든 다 팔았다. 더는 팔 것이 없게 되자 사채업자에게 돈을 빌렸다. 고리대금업자로 통하는 그들은 터무니없이 비싼 이자를 물렸다. 이자율이 무려 20~50퍼센트였다.

부모는 식량이 떨어져 겨우내 자식들을 굶길세라 애간장을 태웠다. 미사를 이끄는 신부는 아일랜드 백성을 재앙에서 구해 달라고 기도를 올렸다. 글을 읽고 쓸 줄 아는 사람이 거의 없었지만, 노동자들은 성당 임원에게 탄원서를 보내 도움을 청하기도 했다. 대개 신부가 편지를 대신 써 주었다.

자식을 제대로 먹일 수 없는 처지를 부끄러워하는 부모가 숱했다. 존 맨스필드는 당장 입지 않는 아내의 옷가지와 외투를 팔았다. 그렇게 마련한 돈이 다 떨어지자 성당 신부에게 돈을 조금만 빌려 달라고 애원하는 편지를 썼다. "존경하옵는 신부님, 이렇게 비통한 말씀을 드리는 저를 부디 용서해 주십시오. 저는 3주 동안 돈을 한 푼도 못 벌었습니다. 어제 아침 이후로 처자식을 먹이지도 못했습니다. 그래서 참으로 자비롭고 아량이 넓으신 신부님께 돈을 조금만 빌려 주십사 간청하옵니다. ……돈을 버는 대로 제일 먼저 갚겠습니다."

그런가 하면 관리에게 하소연하는 사람도 있었다. 누구는 이렇게 썼다. "부끄러움을 무릅쓰고 말씀 올립니다. 어제는 제 아내와 저, 그리고 일곱 자식이 감자로 겨우 한 끼를 때웠습니다." 또 다른 사람은 이렇게 썼다. "오늘도 어제와 다를 바 없습니다. 어젯밤에 아내는 울음을 그치게 하려고 달랑 두 알 남은 달걀을 아이들에게 먹였습니다. 이제 저희 집에는 겨우 한 끼 때울 감자만 남았습니다."

감자 흉년을 알리는 탄원서와 보고서가 영국 정부에 밀려들었다. 그러나 정부 지도자들은 회의적인 태도를 보이며 까탈만 잡았다. 흉작 피해 규모가 과장되었다면서 보고서 내용을 믿지 않는 지도자가 많았다.

영국 사회 일각에서는 아일랜드인이 화를 자초했다며 비난하고 나섰다. 스스로 열심히 일해서 잘살아 보려고 노력하지 않았다고도 했다. 일찍 결혼하는 것도, 아이를 너무 많이 낳는 것도, 감자에만 지나치게 의존하는 것도, 가톨릭교 신부들의 알량한 조언에 홀랑 넘어가는 것도 문제라고 했다. 아일랜드 케리 주의 한 지주는 감자를 망친 것이 오히려 '아일랜드에게는 축복'이라는 말까지 서슴지 않았다. 심지어 감자 흉년은 하느님이 하신 일로서, 아일랜드 인구를 현실에 맞게 줄이려는 뜻이라고 주장하는 축도 있었다.

이러한 태도에서 영국인과 아일랜드인을 갈라놓은 민족적·종교적 편견이 엿보인다. 불행하게도 많은 영국 정부 지도자와 지주는 이렇게 편향된 자세로 아일랜드인을 대했고 대기근 시기의 식량난에 대처했다.

과학 위원회

당시 영국 총리였던 로버트 필 경은 아일랜드인이나 아일랜드 기근에 문외한이 아니었다. 이미 1816년에 아일랜드 총독을 지내면서 아일랜드 기근을 직접 목격했다. 그때도 감자 역병이 발생했고 일부 지역에서 감자 농사를 망쳤다. 필 총리는 그해에 무료 급식소인 국영 수프 식당을 설치했다. 또한 돌 깨기, 도로 닦기, 도랑 파기 등의 공공 근로 사업을 벌여 극빈자에게 일자리를 마련해 주었다.

1816년 식량난을 겪으면서 필 총리는 교훈을 얻었다. 아일랜드 노동자의 삶이 더 나빠지기 전에 서둘러 대책을 마련해야 한다는 사실이었다. 굶주림에 시달린 사람들이 한 가닥 희망마저 없을 때 범죄를 저지를 가능성을 우려했던 것이다. 또 기근이 들면 전염병이 잇따른다는 사실도 잘 알았다. 치사율이 높은 발진티푸스, 콜레라, 이질과 같은 전염병이 어김없이 발생했던 것이다. 두 번 생각할 것도 없었다. 당장 아일랜드인들을 구제할 대책을 세워야 했다.

로버트 필 총리는 항상 신중한 사람이라서 시간을 두고 철저하게 검토한 다음에야 행동에 옮겼다.* 그는 아일랜드에 구호반을 파견

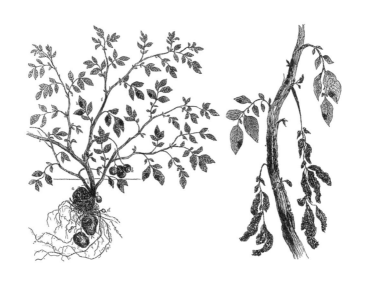

왼쪽 그림에서는 아직 살아남은 씨감자에서 싹이 터 새 식물로 자란 것이 보인다. 땅속줄기에 살이 올라 둥그런 덩이줄기, 즉 감자가 되었다. 오른쪽 그림은 역병에 걸린 감자의 잎줄기이다. -『일러스트레이티드 런던 뉴스』, 1846. 8. 29.

하기에 앞서 사실을 확인할 필요성을 느꼈다. 1845년 10월 말에 먼저 과학 위원회Scientific Commission를 구성하고 과학 전문위원 세 명을 아일랜드에 파견했다. 흉작 피해 규모와 감자에 관한 정확한 정보 수집이 목적이었다. 필 총리는 그들이 감자를 구할 방법을 찾아낼 것으로 기대했다.

* 로버트 필 총리는 아일랜드 상황이 급박하다는 것을 인정하면서도 "아일랜드인의 보고는 매우 과장되고 부정확한 경향이 있으므로 무엇이든 신중히 실행하는 것이 바람직합니다."라고 말한 바 있다.(www.irishhistorian.com의 대기근 연표에서 인용.)

오늘날에는 그해 감자 흉년의 원인이 '피토프토라 인페스탄스'라는 감자 역병균이며, 이 병균은 몇 시간 만에 감자밭 전체로 퍼질 만큼 전염성이 매우 강하다는 것을 안다. 그 병균이 아메리카 대륙에서 건너왔다는 사실도 밝혀졌다. 남아메리카에서 배로 들여온 구아노 비료에 묻어 왔을 가능성이 높다. 당시 아일랜드 농민 몇몇이 감자밭에 뿌리려고 바닷새 배설물로 만든 그 비료를 수입했다.

비료가 아일랜드에 도착하자마자 습한 날씨에 병균이 빠르게 퍼졌다. 습기 많은 바람이 병균 홀씨를 사방으로 실어 날랐다. 하루에 80킬로미터씩 번져 나갔다. 홀씨는 감자의 잎과 줄기에 떨어져 싹을 틔웠다. 비에 씻겨 땅속으로 스며든 홀씨는 감자를 캐는 순간 또다시 퍼져 나갔다.

1845년에 필 총리가 파견한 과학 위원단은 감자 역병균에 관해 몰랐다. 당연히 진단도 처방도 잘못 내렸다. 감자가 '습기 때문에 썩은' 것이라면서 감자를 구할 수 있다고 강변했다. 그러고는 감자를 건사하는 방법을 복잡하고 어려운 말로 작성해 아일랜드 전역에 배포했다.

지주와 농민과 신부 들이 노동자들에게 지시 사항을 쉽게 설명해 주었다. 노동자들은 군소리 없이 들은 대로 했다. 감자를 햇볕에 말리고, 감자를 저장할 움을 새로 파고, 석회와 모래와 토탄과 톱밥을 섞어 만든 특수 재료로 움을 덮었다. 마지막으로 환기가 되도록 속이 빈 가느다란 원통형 막대를 움에 꽂아 두었다. 그러나 감자는 계속 썩었다.

그뿐이 아니었다. 과학 위원들은 조금 썩은 감자는 먹어도 괜찮다고 주장했다. 조리할 때 지시 사항만 잘 지키면 된다고 했다. 노동자들은 이번에도 잠자코 따랐다. 썩은 감자 가운데 덜 썩은 것을 추려 냈다. 아주 못 먹게 되기 전에 먹어 치울 생각으로, 검게 썩은 데만 도려낸 감자를 큰 통에다 갈았다. 거기에다 물을 붓고 두어 번 헹궈서 건더기를 건졌다. 천으로 싸서 물기를 꼭 짜낸 건더기를, 화로에 올려 둔 요리용 철판에다 볶아 가며 바싹 말렸다. 그렇게 말린 감자 속살 건더기와, 감자를 갈아 헹군 뒤 웃물을 따라 내고 남은 앙금을 섞어서 빵을 만들었다.

썩은 부분을 도려낸 감자를 깨끗이 씻고 잘 익혔지만, 그걸 먹은 사람은 복통을 앓고 피가 섞인 설사를 했다. 특히 노인과 어린아이한테 해로워서, 몹시 앓다가 끝내 사망하는 사람까지 생겼다.

곡물법

로버트 필 총리는 아일랜드 노동자들에게 식량이, 그것도 값싼 식량이 절실하다고 판단했다. 예전에 아일랜드 식량난을 겪으면서 필 총리는 한 가지 사실을 알아냈다. 사람을 살릴 수 있는 가장 값싼 식량 가운데 하나가 인디언 콘이라는 사실이었다. 스위트 콘 또는 메이즈로 불리며 북아메리카가 원산지인 이 곡물은 속대에 노란 낟알이 줄줄이 달리는 옥수수이다. 이 수입 옥수수 1킬로그램으로 죽을 끓이

검게 썩은 감자가 한가득 담긴 망태기를 짊어지고 가는 이웃 남자를 어느 부부가 처량하게 바라보고 있다. 과학 위원들이 하라는 대로 했지만, 노동자들은 식구들을 먹일 감자를 별로 건지지 못했다.

- 『픽토리얼 타임스』, 1846. 1. 31.

면 여섯 사람이 먹을 수 있는데 요리하기 전에 먼저 노랗고 딱딱한 알갱이를 갈아야 한다.

과학 위원회에서 감자 문제를 연구하는 동안, 로버트 필 총리는 큰 결단을 내렸다. 미국에서 옥수수를 비밀리에 대량 수입하기로 마음먹은 것이다. 총리는 그 일을 런던 은행가들에게 맡기고, 석 달간 50만 명을 먹일 만큼 넉넉하게 옥수수를 수입하라고 지시했다.

왜 비밀에 부쳤을까. 옥수수를 수입하기로 결단한 그즈음, 로버트 필 총리는 영국 정부가 내세우는 경제 철학의 허점을 교묘히 이용할 꾀를 짜내고 있었기 때문이다. 영국 정부의 경제 철학이란 바로 레세페르laissez-faire, 즉 자유방임주의였다. 이는 프랑스어로 '내버려 두라,' 즉 '사람들이 좋을 대로 하도록 그냥 두라'라는 뜻이다. 그러나 그 말은 로버트 필 개인이 원하는 대로 해도 된다는 뜻과는 거리가 멀었다. 자유방임주의 정책을 펴면서 영국 정부가 의도한 것은 개인의 보편적 자유를 보장하는 게 아니었기 때문이다.

영국 정부가 굳게 믿은 자유방임주의란 상품을 팔든 무역을 하든, 정부가 자유 시장에 개입해서도 안 되고 경제적 통제력을 행사해서도 안 된다는 것이다. 다시 말해 국민이 하는 사업에 이래라 저래라 하면서 끼어드는 것은 정부가 할 일이 아니라는 주의였다. 영국이 부강한 나라가 된 것도, 영국 국민이 저마다 부를 쌓은 것도 바로 '그냥 내버려 두는' 경제 정책 덕분이라는 게 영국 정부의 입장이었다.

영국 정부가 자유방임주의 원칙에서 예외를 허용한 것은 딱 하나, 곡물법Corn Laws으로 통하는 일련의 법률들이었다. 미국에서는

런던 웨스트민스터 하원 의사당에서 의원들에게 연설하는 로버트 필 영국 총리.

-『일러스트레이티드 런던 뉴스』, 1845. 1. 31.

콘corn이 옥수수를 가리키지만, 영국을 비롯한 유럽 여러 나라에서는 귀리, 밀, 보리, 호밀 등과 같은 곡물을 뜻한다. 영국 정부는 국내산 곡물 가격이 떨어지는 것을 막기 위해 외국에서 들여오는 곡물에 높은 관세를 매겼다. 이를테면 수입 곡물에 높은 관세를 부과하는 정책으로 농민층*과 상인들의 이익을 보장해 주었던 것이다.

로버트 필 총리도 초보 정치인 시절에는 곡물법에 찬성했으나 세월이 흐르면서 마음이 바뀌었다. 곡물법이 영국 경제에 보탬이 되기보다는 오히려 해롭다고 판단했기 때문이다. 수입 곡물에 높은 세금을 매기는 곡물법을 폐기하면, 노동자를 비롯해 형편이 어려운 사람들이 식량 구하기가 한결 쉬워질 줄로 믿은 것이다. 농촌 인구의 상당수를 차지하는 가난한 노동자가 곡물을 구입하기 쉬워질수록, 영국 경제가 더욱 탄탄하게 성장하리라고 보았다. 경제가 성장하면 그만큼 구빈원과 같은 정부 구호 사업에 기대는 빈민이 훨씬 줄어들 터였다.

과학 위원회에서 감자 흉작의 규모를 보고했다. 감자 총 수확량의 절반이 피해를 입었지만, 손상 규모는 3분의 1가량 된다는 내용이었다. 보고와 달리 정작 감자를 하나도 건지지 못한 노동자가 숱했다. 로버트 필 총리는 당장 조처를 취하지 않으면 아일랜드인 수천 명이 굶주릴 위기에 놓인다는 것을 알았다. 감자를 주식으로 삼는 600만 명분의 끼닛거리가 필요했다. 총리는 그들에게 값싼 수입 옥

---

* 농민은 거의 대부분 지주에게 땅을 빌려 농사를 짓는 소작농이었으므로 여기서는 사실상 토지를 소유한 지주계급을 말한다.

수수를 보급하고 싶었다. 그러려면 곡물법을 폐지해야 했다.

　로버트 필 총리는 빅토리아 여왕에게 긴박한 상황을 알리고 곡물법 폐지에 힘을 실어 달라고 촉구했다. 벨기에, 네덜란드, 스웨덴, 덴마크 등 다른 나라에서도 감자 역병이 창궐했을 때 곡물을 수입해서 맞춤한 가격에 팔았다면서** 아일랜드에서도 그와 같이 할 수 있도록 지원해 줄 것을 청했다. 그것이 아일랜드 백성을 위해 식량값을 안정시킬 수 있는 최선의 방법이라고도 했다.

　당시 26세였던 빅토리아 여왕은 성격이 원만하고 인기가 좋은 군주였다. 영국을 다스리는 여왕일지라도 법률을 만들 권한은 없었다. 법률 제정은 의회의 몫이었다. 빅토리아 여왕은 로버트 필 총리를 비롯한 정부 지도자와 대화를 자주 나누고 논쟁을 해결하도록 도왔지만 중립을 지키는 것이 여왕의 도리라고 생각했다. 의회 의원들이 곡물법 폐지를 반대하자, 빅토리아 여왕은 그 결정에 따랐다.

　로버트 필 총리는 의회의 결정에 분노했다. "참 대단하십니다. 어느 한 민족이 이질에 걸려 설사하고 혈변을 보면서 얼마나 버티는지 두고 보다가 식량을 제공할 필요성을 재고 따지려고 의원이 되신 겁니까……?"

　아일랜드인 구제 대책을 마련하겠다고 다짐한 필 총리는 법의 맹점을 찾기 시작했다. 마침내 곡물법을 교묘히 피해 갈 수 있는 한

** 이들 나라는 수입보다 '국내산 곡물' 수출을 금지하는 데 역점을 두고 정책을 폈다. "벨기에, 터키, 알렉산드리아, 스웨덴 정부는 식량, 특히 곡물 수출을 금지했다."(www.irishhistorian.com의 대기근 연표에서 인용.)

빅토리아 여왕이 왕좌에 앉아 '여왕 연설문'을 낭독함으로써 의회 개회를 정식으로 선언하고 있다. 옆에는 여왕의 부군인 앨버트 대공이 앉아 있다.

－『일러스트레이티드 런던 뉴스』, 1846. 1. 24.

가지 방법을 알아냈다. 영국에서는 그때까지 옥수수를 거래한 적이 없었으므로, 곡물법이 적용되지 않는다고 보았다. 필 총리는 바로 이 맹점을 노리고 옥수수를 수입하기로 결심했다. 물론 이런 사실을 알게 되면 많은 의원이 분개하리라는 것도 모르지 않았다. 말하자면 그 것은 필 총리의 정치생명이 걸린 엄청난 모험이었다.

이윽고 미국에서 화물이 도착했다. 담당자들은 수입 옥수수를 코크 주와 리머릭 주에 있는 대형 보급소에 저장해 두었다. 식량난 이 가장 심한 봄철에 판매할 계획이었다. 이 결정 때문에 오늘날에도 로버트 필 총리를 비판하는 사람들이 있다. 수입 곡물을 곧장 풀어서 굶주림에 시달리는 아일랜드인의 고통을 줄여 주었어야 마땅했다는 것이다. 봄철까지 보관해 둔 것은 총리 자신의 정치적 야욕, 즉 곡물 법을 폐지하는 데에만 혈안이 되어 있었기 때문이라고 지적한다.

옥수수 수입을 진행하는 사이 로버트 필 총리는 구제 위원회 Relief Commission를 창설하고 구제 위원을 임명했다. 구제 위원들은 각 구빈 조합에 지역 구제 위원회Relief Committee를 세우고 식량 보급소 를 설치했다. 그리고 나서야 구제 위원들은 수입 옥수수를 지역 구제 위원회에 수입 원가를 받고 팔았다. 식량 보급소를 개방하자마자 수 입 옥수수를 사들인 지역 구제 위원회에서는 이 옥수수를 약 1파운 드[약 450그램]당 1펜스[약 600원]에 다시 아일랜드 사람들에게 팔 예정이 었다.

필의 유황불

그해 겨울 내내 수입 옥수수가 창고에서 잠자는 사이, 굶주린 아일랜드인들은 먹을거리를 찾아 헤매 다녔고 팔 수 있는 것은 모두 내다 팔았다. 3월에야 식량 보급소가 문을 열었다. 돈 있는 이들이 앞다퉈 창고 문으로 들이닥쳐 몽땅 사들였다. 그 바람에 정작 값싼 식량이 필요한 가난한 사람들은 수입 옥수수를 구경도 못 했다. 코크 주에서는 굶주린 사람들이 격분해서 들고일어날 분위기였다. 지방 구제 위원들은 폭동이 일어날까 두려워 경찰에 군중을 해산해 달라고 요청했다.

아일랜드 노동자들은 수입 옥수수가 감자를 대신할 만한 좋은 식량이 아니라는 것을 이내 깨달았다. 옥수수 알갱이가 워낙 딱딱해서 특수 가공을 해야 했다. 강철 제분기로 갈아야 하는데, 아일랜드에는 그런 기계가 없었다. 하는 수 없이 방아꾼이 일반 맷돌로 두 번씩 갈아야 했다. 특수 가공까지 해서 옥수수를 보급하는 것에 영국 정부 지도자들은 불만을 터뜨렸다. 아일랜드 백성은 감지덕지하면서 아무것이나 주는 대로 받아야 한다고 여겼기 때문이다.

맷돌에다 두 번씩 갈았는데도, 수입 옥수수는 가루가 굵고 거칠었다. 소화를 제대로 하려면 물에 미리 담가 두었다가 오래 푹 끓여야 했다. 한 남자는 이렇게 설명했다. "빻은 알갱이도 막상 받아 보니 너무 크고 거칠었어요. 아무튼 그걸 팔팔 끓이는데 김은 김대로 쉭쉭거리며 뿜어져 나오고 물은 물대로 부엌 사방으로 튀었죠. 그래서 옥

코크 주에 사는 화가 제임스 마니가 식량 보급소 바깥에서 분개하는 사람들을 그린 그림
이다. 1846년 3월 말 식량 보급소를 개방하자마자 옥수수가 순식간에 매진되었다. 그 바
람에 수많은 사람이 식구들을 먹일 식량을 구입하지 못했다.

- 『일러스트레이티드 런던 뉴스』, 1846. 4. 4.

수수를 끓이는 동안 아이들은 부엌에 얼씬도 못 하게 했어요."

몇 달 동안 제대로 식사를 하지 못한 사람에게는 거칠디거친 알갱이 죽이 오히려 해로웠다. 심한 복통에 시달리고, 내출혈로 사망하는 사람까지 생겼다. 딱딱한 알갱이 때문에 내장에 구멍이 난 것이다. 어떤 사람은 이렇게 말했다. "그놈의 것이 몸을 부풀려 우리 목숨을 빼앗아 갔습니다." 영국이 아일랜드인을 다 죽이려고 작정한 거라고 생각하는 사람들까지 생겨났다.

급기야 옥수숫가루에 '필의 유황불'이라는 별명이 붙었다. 색깔이 노란 데다 소화기관에 미치는 영향이 지옥 불처럼 끔찍해서였다. 한 아낙네는 이렇게 넋두리했다. "식구들이 다 안 먹겠다고, 차라리 굶고 말겠다고 버텼어요. 우린 그걸 조리하는 법도 몰랐죠."

노동자들은 되도록 그 노란 가루를 먹지 않으려 했다. 하지만 굶주림이 점점 심해지면서 몹시 꺼리던 사람들도 차츰차츰 그 가루를 찾았다. 알갱이 대신 아예 가루로 된 제품을 수입하면서 빻는 문제는 해결되었다. 게다가 수입 옥수숫가루에 귀리 가루를 섞으면 훨씬 소화가 잘 된다는 사실도 알게 되었다.

로버트 필 총리는 아일랜드 노동자에게 옥수수보다 더 절실한 것이 무엇인지 알았다. 식량 살 돈을 벌 수 있는 일자리였다. 총리는 아일랜드에서 벌일 수 있는 갖가지 개량 공사를 따져 보았다. 도로 신설, 다리 놓기, 항구와 어장 개량 사업 따위를 실시하면 아일랜드 노동자에게 일자리를 마련해 줄 수 있다고 보았다. 그에 따라 공공근로 사업을 체계적으로 시행할 계획을 세우기 시작했다.

하늘이 두 쪽 나더라도 일자리만은

1846년 봄이 다 되어서야 영국 의회는 아일랜드에서 공공 근로 사업을 시행하자는 로버트 필 총리의 제안에 동의했다. 그에 따라 영국 재무부에서 사업 재정 일부를 지원하기로 했다. 지원금의 절반은 무상 원조이고, 절반은 나중에 갚아야 하는 유상 원조 형식이었다. 총리는 공공 근로 사업을 실시하는 데 필요한 기금을 지주들이 많이 기부할 줄로 지레짐작했다. 그러나 막상 지주들이 기부한 금액은 턱없이 적었다. 몇몇 지주는 직접 공공 근로 사업을 추진하는 쪽을 택했다. 담을 쌓거나 들판 혹은 습원에 배수로를 파는 일 따위를 자기 소작인에게 시켜 돈벌이할 기회를 제공했다.

그 밖의 모든 공공 근로 사업은 아일랜드 공공 사업국에서 관리했다. 이 공공 사업국은 도로, 다리, 항만, 어장 들을 관리하던 곳으로 워낙 사무관이 적었다. 그렇게 적은 인원으로 대규모 공공 근로 사업을 책임지고 진행한다는 것은 보통 어려운 일이 아니었다. 사무실로 수천 명씩 물밀 듯이 밀고 들어오는 신청자만 감당하기도 벅찼다.

돈을 벌 욕심에 집집마다 온 가족이 신청서를 작성하는 바람에 검토조차 하지 못한 서류가 무더기무더기 쌓였다. 사업을 곧바로 시행하지 않자, 성난 노동자들은 식량을 살 수 있도록 일자리를 달라며 항의했다. 담당 사무관들은 항의가 폭력 시위로 번질까 두려웠다. 한 사무관은 업무 보고서에 이렇게 썼다. "하늘이 두 쪽 나더라도 일자리만은 만들어 주기를 빕니다. 그것이 기근으로부터 사람을 구하고 약탈로부터 재산을 지킬 수 있는 유일한 수단입니다."

여름 무렵에야 행정 업무 절차가 개선되었고 10만 명이 넘는 사람이 일자리를 얻었다. 도로 건설은 공공 근로 사업 가운데 가장 흔한 일이라 편성하기도 그만큼 쉬웠다. 도로 건설 현장에 배정된 노동자는 하루에 몇 킬로미터씩 걸어서 일터에 도착했다. 대개 아무것도 먹지 못한 빈속으로 주 6일, 하루 10~12시간씩 야산을 깎고 돌을 깨고 돌덩이를 끌어 날랐다. 그뿐 아니라 다리를 놓고 배수로를 파는 일도 했다.

도로 건설 현장에서 일한 미크 켈리는 이렇게 말했다. "일이 말도 못 하게 힘들었어요. 그래도 그건 우리 같은 사람에게 신이 내린 선물이었습니다. 날씨가 아무리 험해도 아침 6시부터 저녁 6시까지 일해야 했습니다. ……하루 온종일 야산을 깎아 놓았건만 이튿날 아침에 가 보면 그 땅에 물이 가득 차 있기도 했어요. 그런 날이면 어쩔 도리 없이 허리까지 차오른 물속에서 일했죠."

하루 온종일 끼니를 거른 채 일하는 노동자가 숱하게 많았다. 존 핸러헌이 한 말이다. "점심때가 되면 각자 땅을 팔 때 쓴 삽을 물에 씻었어요. 그 삽에다 몇 줌 안 되는 가루를 부어 배수로에 고인 물에 적셔서 먹었습니다. 점심이라고 먹은 게 그게 다였어요."

현장에서는 '십장'이라고 불리는 감독이 노동자들을 감시했다. 브리지드 킨은 이렇게 말했다. "십장은 이리저리 돌아다니며 툭하면 채찍을 휘둘렀어요. 힘을 못 쓰거나 행동이 굼뜨다 싶으면 그 자리에서 잘라 버렸지요. 모르긴 몰라도 쫓겨나는 사람은 없나 눈에 불을 켜고 지켜보며 현장 언저리에 앉아 있는 사람이 100명은 됐을 겁니다." 지각하거나 일터에서 늑장을 부리는 등 과실을 저지른 노동자에게는 벌금을 물렸다. 한 번 잘못할 때마다 벌금으로 하루 품삯의 4분의 1을 깎았다.

공공 근로 사업 현장에서 일하던 노동자가 병들거나 죽으면, 그 남자의 아내나 아이들이 일을 대신했다. 여자라고 하는 일이 다르지 않았다. 남자와 똑같이 길을 닦고 배수로를 파고 돌을 깨고 돌덩이를 끌어 날랐다. 점토를 퍼 담은 망태기를 등에 지고 날랐고 손수레에 흙을 한가득 담아 나르기도 했다. 어린아이들은 엄마가 일하는 동안 몸을 웅크린 채 길가에 피워 둔 토탄 모닥불에 둘러앉아 기다렸다.

공공 근로 사업 초기에는 품삯으로 그날그날 8~10펜스[약 5,000~6,000원]가 지급되었다. 품삯을 이처럼 낮게 정한 것은 공공 근로 신청을 사전에 차단하려는 숨은 의도 때문이었다. 나중에 1실링[약 8,000원]으로 올려 주겠다고 했지만 설령 약속을 지킨다고 해도 식량 값이 치솟아서 그 돈으로는 가족을 먹여 살릴 수 없었다. 게다가 동전으로 품삯을 주다 보니 동전 품귀 현상까지 겹쳤다. 지역 구제 위원회마다 품삯으로 줄 동전을 확보하기도 힘들었다. 그러다 보니 장기 체불로 이어졌다.

죽어라 일하고도 몇 주 동안 품삯을 한 푼도 받지 못한 노동자가 속출했다. 데니스 매케네디도 그중 한 사람이었다. 데니스 매케네디가 죽은 다음, 그의 아내는 남편이 2주 동안 품삯을 받지 못했다고 증언했다. 그동안 자잘한 감자 몇 알과 양배추 한 통과 약간의 밀

공공 근로 사업장에서 일하던 가장이 죽거나 일을 못 할 만큼 쇠약해지면,
아내나 아이들이 대신 일했다.

- 『일러스트레이티드 런던 뉴스』, 1843. 8. 12.

가루로 부부와 세 아이가 끼니를 때웠다고 했다. 골웨이 주에서 공공 근로를 하던 토머스 멀론은 현장까지 가려면 10킬로미터쯤 걸어야 했다. 먹은 것이라고는 하루 한 끼, 그것도 겨우 빈속이나 달랠 정도였다. 그러던 어느 저녁, 아내와 여섯 자식을 남긴 채 토머스 멀론은 오두막집을 코앞에 두고 쓰러져 죽고 말았다.

로버트 필 총리는 그해 봄철 내내 식량값을 안정시키려면 곡물법을 폐기해야 한다고 의원들을 열심히 설득했다. 마침내 6월에 총리는 뜻을 이루었다. 그러나 그 때문에 의원들의 원성을 샀다. 의원들은 하원 의사당에서 연설하는 총리에게 고함을 지르고 야유를 퍼부었다. 총리는 자신이 속한 보수당 의원의 지지를 잃었다는 사실을 깨닫고, 스스로 총리직에서 물러났다.

로버트 필은 두 번 다시 공직을 맡지는 않지만, 새로 출범한 정부를 꾸준히 도왔다. 총리를 그만두고 4년 뒤, 그는 말에서 떨어져 중상을 입고 고생하다 사망했다. 로버트 필이 구호 활동을 지나치게 신중하게 벌이다 제때 아일랜드인을 돕지 못했다는 비판은 오늘날까지도 끊이지 않고 있다. 반면에 1845년 감자 대기근이 최악의 사태까지 치달을 위기에서 아일랜드 백성을 구한 것이 필 총리였다고 평가하는 사람도 많다.

༄ 4장

허기진 까마귀 떼처럼

아일랜드 지주님들 내 말 명심하세요
부디 불쌍한 소작농을 잘 보살피세요
올해는 감자가 없다네요
지팡이 짚은 늙은이부터 젖먹이까지 와들와들 떨고 있다네요.

—『썩은 감자에 관한 새 노래』(1847) 중에서

대기근 첫해에 수많은 사람이 고통을 겪었다. 그래도 목숨까지 잃은 사람은 적었다. 그나마 아일랜드인이 1845년 감자 흉년으로 겪을 뻔한 최악의 사태를 면한 것은, 그토록 질색하던 로버트 필 총리의 유황불 덕분이었다. 사람들은 그 끔찍한 1845년이 저물고 겨울이 다 끝나 가는 것에 감사했다. 봄이 되고 날씨가 점점 푸근해지면서 언 땅도 녹아 바야흐로 감자 심을 때가 다가왔다.

이때까지만 해도 감자 역병이 겨우내 살아남아 새로 심은 작물까지 해칠 줄은 꿈에도 생각하지 못했다. 그런데도 여전히 마음은 무거웠다. 올가을까지 감자가 아무 탈 없이 잘 자라더라도 수확량은 적

74

을 수밖에 없었다. 겨울을 나면서 씨감자까지 먹어 치운 집이 한둘이 아니었기 때문이다. 용케 씨감자를 아껴 둔 노동자들은 밤낮없이 감자를 지켰다. 남편을 여읜 한 아낙은 4파운드[약 60만 원]나 되는 거금을 주고 씨감자 두 통을 샀다. 그 감자를 건초 더미 속에 꼭꼭 숨겨두고서, 그날 밭에 심을 만큼만 한 양동이씩 꺼냈다. 브리지드 브레넌은 이렇게 설명했다. "씨감자가 있다는 게 알려지면, 보나마나 누군가 당장 끼닛거리로 쓰려고 훔쳐 갈 거란 걸 그 여자라고 몰랐을 리 없지요."

농민과 농업 노동자 들은 씨감자를 심었다. 그다음 몇 주 동안 감자밭을 돌보았다. 감자는 두어 주 동안 햇볕만 잘 쬐면 무럭무럭 자라는데, 6월 그 무렵은 햇볕이 듬뿍 내리쬐었다. 감자 싹이 땅을 뚫고 나오더니 쑥쑥 뻗어 나갔다. 돌돌 말렸던 잎이 활짝 펴지고, 예쁜 보랏빛 꽃도 소담하게 피었다.

씨감자를 심은 밭이 훨씬 줄어들었는데도, 신문들은 이번에도 감자 풍년을 예측했다. 감자가 쑥쑥 자라는 것을 바라보면서, 너도나도 수확할 날을 손꼽아 기다렸다. 아일랜드인은 대개 감자를 두툼한 냄비에다 노릇노릇하게 구워서 우유를 넣거나 달걀과 버터를 넣고 으깨 먹었다.

이도 저도 없이 가난한 집에서는 캐자마자 바구니에 담아 온 감자를 곧바로 삶아 먹었다. 손톱으로 껍질을 벗기고 그릇에 담아 의자 위에 올려놓은 소금에 꾹 찍어 먹곤 했다. 그런 식사를 '의자에 꾹' dip-at-the-stool이라고 불렀다.

영국인들도 신문마다 쏟아 내는 풍성한 감자 수확 보도를 읽고 기뻐했다. 로버트 필 총리에 이어 6월 말에 존 러셀 경이 총리 자리에 올랐다. 러셀 총리는 자유방임주의 정책을 적극 지지하고, 백성은 자립해야 하며 정부의 구호에 기대서는 안 된다고 믿는 사람이었다. 수입 옥수수가 초여름에 동이 났지만, 러셀 총리는 앞으로 옥수수를 수입하지 않겠다는 뜻을 밝혔다. 수많은 노동자가 햇감자를 수확할 때까지 쫄쫄 굶어야 하는 현실을 외면한 결정이었다. 어차피 아일랜드 노동자라면 여름철 '감잣고개'에는 허리띠를 졸라매 가며 배고픔을 참는 데 익숙해 있다는 것이, 총리의 주장이었다.

러셀 총리는 당시 재무부 사무차관이었던 찰스 트레벨리언 경의 의견을 무척 믿고 존중했다. 트레벨리언 경이 맡은 일은 영국 국고를 잘 지키는 것이었다. 신앙심이 깊고 청렴한 인물로 평가받던 트레벨리언은 열심히 구제 계획을 세웠다. 그러나 그는 다른 사람의 재산권을 침해해서는 안 된다는 신념을 지키려 들었다. 백성은 저마다 자립해야 하며 정부에 손을 내밀어서는 안 된다는 게 그의 신조였다. 트레벨리언은 하느님이 아일랜드인에게 가르침을 주기 위해 대기근을 내렸다고 믿었다. 그 가르침에 힘입어 아일랜드는 새롭게 발전할 것이라고 여겼다.

트레벨리언은 감자 풍년을 예측하는 신문 보도를 보고 이제는 아일랜드 노동자들에게 돈벌이를 제공할 공공 근로 사업이 필요 없겠다고 판단했다. 그에 따라 8월 중순, 즉 햇감자를 수확할 시기에 맞춰 공공 근로 사업을 중단한다고 발표했다.

존 러셀 총리가 하원 의원들에게 연설을 하고 있다.

－『일러스트레이티드 런던 뉴스』, 1851. 2. 15.

결과적으로 러셀 총리와 트레벨리언의 대처는 너무 성급했다. 8월 초 불볕더위가 끝나자 검은 먹구름이 하늘을 뒤덮었다. 비가 내리기 시작했다. 처음에는 부드럽게 내리더니 점점 빗줄기가 굵어졌고 천둥까지 요란하게 울렸다. 거세게 몰아치는 잿빛 바람을 타고 병균 홀씨가 소용돌이치면서 하루에 80킬로미터씩 퍼져 나갔다. 동쪽에서 서쪽으로 날아간 홀씨는 비를 타고 떨어져 땅속으로 스며들었다.

요정 종족들이 또다시 감자 전쟁을 벌였다고 믿는 사람들도 더러 있었다. 이니시만 섬의 어부 올드 데루언은 이렇게 말했다. "씨감자를 땅에 뿌리고 밭고랑까지 다 파 놓은 다음 씨감자를 해초로 덮고 있을 때였어요. 날씨가 화창한데도, 멀리서 폭풍이 몰려오는 소리가 들렸어요. '요정들'이 몰려올 조짐이라는 것을 알아차렸지요."

사람이 만든 재앙

감자 역병이 또다시 덮친 것은 1846년 8월 첫 주였다. 게다가 지난해보다 훨씬 심했다. 하룻밤 사이에 전체 수확량의 4분의 3이나 되는 감자가 썩어 버렸다. 감자를 하나도 건지지 못한 사람이 숱했다.

당시 열다섯 살이었던 디어뮈드 오도노번 로사가 말했다. "남동생이랑 감자를 캐러 언덕에 올라갔어요. 동생은 감자를 캐고 저는 주워 담았죠. 동생을 뒤따라가며 200미터쯤 되는 이랑에서 캔 감자를 빠짐없이 주워 담아 왔건만 프라이팬 하나도 못 채울 정도였죠. 크기도 조약돌만 했고요."

어느 순회 신부는 곳곳에서 벌어진 참상을 이렇게 보고했다. "가련한 사람들이 울타리에 걸터앉아, 캐고 자시고 할 것도 없이 감자가 몽땅 썩어 버린 텃밭을 보면서 두 손을 쥐어짜듯 부르쥔 채 통곡했습니다."

감자 역병이 2년 내리 발생하리라고는 누구도 짐작하지 못했다. 지난겨울을 나면서, 노동자 대부분이 돈 될 만한 것은 다 팔거나 전당 잡혔다. 그렇게 마련한 돈으로 식량과 씨감자를 샀다. 그런데 감자 농사는 쫄딱 망쳤고, 팔 것도 하나 남지 않았다. 수입 옥수수도, 일자리도 없었다.

그러나 아일랜드 들판에는 곡식이 가득했다. 밀, 귀리, 보리, 호밀 등 가루를 내어 빵이며 죽이며 케이크로 만들어 먹을 곡식들이 자라고 있었다. 여기에서 대기근의 아주 커다란 모순 한 가지를 깨닫게 된다. 아일랜드 백성이 주식으로 삼는 감자 농사를 망쳐 굶주림에 시달리는 동안, 다른 한편에서 노동자들은 입에 댈 수도 없는 곡식들이 영글고 있었다. 그것은 지주와 농민 것이었다. 굶주린 노동자들은 그저 곡식을 베고 털고 빻아 수레에 싣고 시장으로 내가는 것만 지켜보았다. 그 곡식은 영국과 다른 나라에 팔 것들이었다.

어떤 역사학자들은 이렇게 주장한다. 대기근이 두 해째로 접어든 그해 아일랜드에서 생산된 곡식, 가축, 모직, 아마가 아일랜드인을 먹이고 입힐 만큼 넉넉했다고. 다른 사학자들은 이런 주장에 반박

도무지 믿을 수 없는 현실에 충격을 받은 가족이 다 썩은 감자만 멍하니 내려다보고 있다.
어느 누구도 2년 내리 감자 역병이 덮치리라고는 꿈에도 생각지 못했다.

- 『픽토리얼 타임스』, 1846. 8. 22.

한다. 굶주린 사람이 워낙 많아서 수출하지 않았더라도 그 식량으로는 다 먹여 살리지 못했을 것이라고. 게다가 대기근 시기에 수출한 것보다 수입한 곡물이 네 배나 많았다는 사실을 보여 주는 수치까지 제시한다.

역사학자들이 엄연한 역사적 사실을 어떻게 해석하든 상관없이, 이 진실은 변함없이 남는다. 아일랜드 백성은 굶주리고 있는데, 그 땅에서 난 곡식과 가축을 한가득 실은 배가 영국과 다른 나라의 시장으로 떠났다는 사실이다. 윌리엄 파월의 말을 빌리면, 그 사실이 뜻하는 것은 단 한 가지였다. "네, 아일랜드 대기근은 인재였습니다. 우리네 지배자가 이 땅에서 난 식량을 영국으로 싣고 가도록 주선했고, 이 땅 백성은 굶주리도록 내팽개친 겁니다."

사람들이 굶주리고 있는 나라에서 식량을 수출하다니, 어떻게 그럴 수 있는지 이해하기 어렵다. 가장 가혹한 현실 한 가지는 기근은 식량이 부족해서 일어나는 게 아니라는 점이다. 기근 문제는 식량 이용권을 누가 갖느냐에 달려 있다. 영국 정부가 의도적으로 아일랜드인을 굶주리게 한 것은 아니었다. 지주, 농민, 도매상, 소매상의 생업에 간섭할 법률을 제정할 뜻이 없었을 따름이다. 그런 법률을 만든다는 것은 자유방임주의 원칙을 어기는 일이었기 때문이다. 또 지주와 농민도 곡물을 영국과 외국 시장에 수출했다. 자신들이 영리를 추구할 권리가 있다고 믿었기 때문이다.

식량이 없어 굶어 죽을 처지에 놓였는데, 밭에서 곡식을 실어 가는 광경을 어떻게 가만히 보고만 있을 수 있었겠는가. 사람들은 격렬

지주네 머슴들이 가축 떼를 시장으로 몰고 있다.
영국과 외국 시장에 내다 팔 것으로 짐작된다.

- 『일러스트레이티드 런던 뉴스』, 1849. 12. 29.

한 폭동을 일으켰다. 5,000여 명이 시위를 벌이며 워터퍼드 주 던가 반으로 몰려갔다. 그들은 곡물 수출을 당장 멈추라며 도매상을 위협했다. 소매상에게는 적정가에 식량을 팔라고 경고했다. 현장에 도착한 민병대에게 돌팔매질을 하며 맞섰다. 민병대는 시위 군중에게 총을 스물여섯 발 쏘았고, 최소 한 명이 사망하고 여러 사람이 부상을 당했다.

워터퍼드 주 필타운에서는 노동자가 저마다 몽둥이, 돌, 삽, 망치 따위를 들고 일어섰다. 방앗간 한 곳을 습격한 다음, 나루터로 나아갔다. 곡물과 축산물을 그득그득 실은 배를 덮칠 계획이었다. 그러나 대포를 설치하고 해병을 가득 실은 영국 군함에 가로막혔다. 한 신문은 이렇게 보도했다. "영국 군함은 시골 농사꾼 부대를 저지하기 위해 출동했던 모양이다. 그들은 다시 본국으로 돌아갔다."

아일랜드 농촌 곳곳마다 공공장소에 벽보가 나붙었다. 식량난을 해결할 방안을 찾기 위해 토론회를 연다는 벽보였다. 티퍼레리 주에 있는 한 성당 문에는 모임에 참석하지 않는 노동자는 '요주의 인물로 찍힌다.'라는 경고문이 붙어 있었다. 일이 커질세라 교구 신부들은 경고문을 떼어 내고 신도들에게 끼어들지 말라고 당부했다.

소요가 갈수록 늘어나자, 영국 정부는 강력한 조치를 취했다. 곡물과 축산물을 가득 싣고 퍼거스 강*을 지나는 배를 호위할 영국 해군을 파견했다. 리머릭 주에서는 밭을 지킬 병력을 파견했다. 곡물을

---

* 아일랜드 클레어 주에 있는 강으로 이 강을 통해 영국과 아일랜드를 오갔다.

위터퍼드 주 던가반에서 발생한 폭동은 식량이나 식량을 살 돈이 절실히 필요한 아일랜
드인이 들고일어난 것이다. 이런 폭동은 노동자들이 굶주림 끝에 점점 쇠약해지고 병에
걸리면서 차츰 잦아들었다.

- 『픽토리얼 타임스』, 1846. 10. 10.

실어 나르는 마차를 군인들이 밭에서부터 시장까지 호위했다.

대포와 총칼도 모든 사람을 막지는 못했다. 쇠스랑과 낫으로 무장하고 잠복해 있다가 마차를 습격해 '영국군 식량'을 빼앗는 노동자까지 생겼다.

노동자 고용 부가세법

수확한 감자 중에 썩어서 못 먹게 된 것이 75퍼센트나 되었다. 그제야 영국 정부도 마지못해 식량난이 끝나지 않았다는 사실을 인정했다. 러셀 총리는 옥수수를 추가로 수입하는 데 동의했다. 그러나 뒤늦게 내린 결정 때문에 옥수수는 12월에나 도착할 터였다. 노동자들은 식량을 제대로 공급받지 못한 채 가을을 견뎌야 했다.

찰스 트레벨리언도 아일랜드인에게 일자리가 필요하다는 사실을 인정했다. 하지만 아일랜드인을 돕는 데 영국 나랏돈을 쓸 생각은 없었다. 이는 아일랜드에서 지방세를 납부하는 사람들이 책임질 문제라고 판단했다. 이를테면 지주층과 농민층이 자기네 땅을 빌려 농사짓는 소작농과 노동자를 돕도록 만들 속셈이었다. 영국이 아니라 아일랜드 납세자에게 세금을 물려야 마땅하다고 믿었다.

영국 의회도 트레벨리언과 뜻을 같이해, 1846년 8월에 노동자 고용 부가세법Labour Rate Act을 가결했다. 이 법에 따라 지주와 농민들이 구제 비용을 전부 떠안게 되었다. 구빈원을 유지하는 데 추가로

티퍼레리 주 클론멜에 있는 구제 위원회 보급소까지 곡물을 싣고 가는 마차를
군인들이 호위하고 있다.

- 『픽토리얼 타임스』, 1847. 10. 30.

드는 세금, 곧 부가세까지 내야 했다. 이를테면 공공 근로 사업을 다시 시작하되, 공공 근로 사업장에서 고용할 노동자의 임금까지 지방세로 징수한 것이다. 식량 보급소 개방은 궁여지책으로 쓸 최후의 수단이었다. 또 영국 의회는 각 구빈 조합에 돈을 빌려주는 데는 합의했지만, 지금까지 지원하던 무상 원조는 중단하기로 했다. 다시 말해 전액을 훗날 갚아야 하는 유상 차관 형식으로 지원하기로 결정한 것이다.

영국 정부가 노동자 고용 부가세법을 만든 의도는 도매상이나 소매상에서 식량을 살 수 있도록 극빈 노동자에게 일자리를 마련해 주자는 것이었다. 그와 아울러 지방세 납부자를 겨냥한 의도도 깔려 있었다. 자기 소작농을 공공 근로 사업장으로 보내기 전에 신중하게 검토하게끔 유도하는 것이었다. 공공 근로 사업장에 보내는 노동자가 많을수록 구빈 조합은 더 많은 빚을 떠안게 되고, 그만큼 지주나 농민이 내야 하는 지방세도 많아지기 때문이다.

그러나 영국 정부의 노림수는 통하지 않았다. 오히려 그 법은 역효과를 낳았다. 수많은 지주와 대농은 체납세는 아예 걱정하지도 않았다. 지방세를 내야 하는 구빈 조합의 처지가 모두 똑같았기 때문이다. 누구든 세금을 못 낼 처지라면 이웃 지주의 사정도 같을 것이므로 배짱이 생긴 것이다.

이번에도 공공 근로 신청자 수천 명이 공공 사업국 사무실로 물밀 듯이 들이닥쳤다. 엄청난 신청자를 제대로 처리할 사무관이 턱없이 부족한 것도 여전했다. 품삯 지급을 담당할 직원도, 도로를 설계할 기술자며 다른 작업을 담당할 기술자도 부족했다.

결국 공공 근로 사업은 지역에 따라 1846년 10월 말에서 11월 초에야 가까스로 시작되었다. 공공 근로 사업을 어렵사리 시작한 다음에도 남은 문제가 한둘이 아니었다. 품삯을 계산하는 데 필요한 간단한 산수조차 제대로 하지 못하는 현장 감독이 수두룩했다.

몇몇 구빈 조합에서는 당장 돈벌이가 급한 사람들에게 줄 일거리마저 별로 없었다. '깡마른 유령' 같은 도로 건설 노동자 1,000여 명은 곡괭이, 가래, 삽 등을 어깨에 걸메고 스키베린으로 몰려갔다. 그들은 가족이 굶고 있다며 식량을 구입할 수 있게 돈벌이를 달라고 아우성쳤다.

폭동이 일어날까 두려워, 가게 주인들은 문이며 창문을 꼭꼭 걸어 잠그고 민병대를 불러오라고 사람을 보냈다. 현장에 도착한 민병대는 항의하는 사람들을 체포하지 않았다. 오히려 지휘관이 가게 주인에게는 옥수숫가루를 나눠 주라고 지시하고, 노동자에게는 더 많은 일거리를 주겠다고 약속했다.

뼈만 앙상한 해골들

아일랜드에는 좀처럼 눈이 내리지 않는다. 그런데 1846년 11월 초에는 눈이 펄펄 내려 15센티미터가 넘게 쌓였다. 살을 에는 듯한 매서운 북동풍이 러시아 전역을 휩쓸고 아일랜드까지 불어 닥치면서 폭설을 몰고 왔다. 눈은 12월에도 계속 내려 오도 가도 못하게 산길이 막혀 버렸다. 운하도 작은 강줄기도 꽁꽁 얼어붙었다.

극빈자와 굶주린 노동자에게 겨울은 더없이 잔인한 계절이었다. 먹을 것이 없는 사람들은 쥐, 토끼, 오소리, 새를 잡으려고 덫을 놓았다. 눈 덮인 들판을 악착같이 돌아다니며 먹을 수 있는 뿌리를 캤다. 한 남자는 그런 들판 광경을 이렇게 설명했다. "여자들과 어린아이들이 꼭 허기진 까마귀 떼처럼 밭에 흩어져 순무를 캐자마자 날것으로 우걱우걱 먹었어요. 헐벗은 여자들은 눈과 진눈깨비를 맞으며 오들오들 떨고…… 아이들은 배고파서 아우성을 쳤습니다."

300명이 넘는 노동자들이 눈보라 치는 칼바람을 뚫고 하루에 10여 킬로미터나 되는 길을 걸어 다녔다. 저마다 삽자루를 손에 들고 공공 근로 사업장으로 갔다. 모진 추위에 남자도 여자도 아이도 몸을 웅크린 채 길을 닦았다. 외투는커녕 신발조차 못 신은 사람이 수두룩했다.

노동자들은 쇠약해지고 허기져서 허청거렸다. 대개 아침부터 해가 떨어질 때까지 아무것도 먹지 못한 채 일했다. 그러다 연장 위로 고꾸라지기 일쑤였다. 모녀핸 주에 살던 펠릭스 커넌은 이렇게 말했다. "내로라하던 힘센 장사들도 뼈만 앙상한 해골처럼 변했어요. 나날이 옷이 헐렁헐렁해져서 꼭 옷을 걸친 뼈다귀 유령 같았죠."

휴 오헤이건은 다운 주에 살던 할머니 이야기를 떠올렸다. 할머니가 집 밖에서 공공 근로를 하던 노동자를 무척 안쓰러워했다면서 이렇게 말했다. "할머니는 묽은 고기 수프를 끓여 자주 내갔대요. 그

눈 덮인 밭에서 신발도 신지 못한 아이들이 순무와 먹을 수 있는 뿌리를 캐고 있다.

－『일러스트레이티드 런던 뉴스』, 1847. 2. 20.

걸 본 남자들이 우르르 달려와서 그 뜨거운 수프에다 손을 푹 집어넣고 고기 건더기를 찾곤 했답니다."

그런 와중에 식량값은 하루가 다르게 치솟았다. 얼마 안 가서 옥수숫가루 약 6킬로그램이 닷새 치 품삯과 맞먹었다. 옥수숫가루 6킬로그램이면 6인 가족이 잘해야 사흘을 먹을 수 있는 양이었다. 노동자들의 걱정거리는 식량값뿐만이 아니었다. 그간 밀린 소작료를 내지 않으면 당장 집에서 쫓겨날 판이었다.

스키베린

코크 주에서 인자하기로 소문난 치안판사* 니컬러스 커민스는 어느 날 스키베린이라는 외진 마을에서 사람이 수없이 죽어 가고 있다는 보고를 받았다. 1846년 11월부터 12월까지, 남녀노소 할 것 없이 길거리와 오두막집에서 죽은 채로 발견된 사람이 무려 100명 가까이 된다는 것이었다. 그뿐 아니라 구빈원에서도 200여 명이나 죽었다고 했다.

부풀린 헛소문이라고 흘려 버린 치안판사들과 달리, 커민스는 직접 살펴보기로 마음먹었다. 크리스마스를 일주일 앞둔 날, 조랑말 한 마리가 끄는 수레에 빵을 싣고 눈 덮인 길을 따라 덜커덩덜커덩

---

* 원래 주된 임무는 치안 유지였으나, 16세기 이후로 다양한 행정 업무까지 담당한 하급 지방 행정 관료.

스키베린으로 갔다.

커민스는 그 작은 마을에 도착해서 너무나도 처참한 광경을 보고 몹시 놀랐다. 오두막집마다 텅텅 빈 것처럼 보였다. 마치 모두 짐을 꾸려 떠난 집 같았다. 눈으로 뒤덮인 문밖에는 발자국 하나 없었다. 굴뚝에서 모락모락 연기가 피어오르는 집 한 채 없었다. 창문으로 이 집 저 집 기웃거려 보아도 발갛게 이글거리는 난로 불빛이 보이는 집도 없었다. 그 추운 날에도 바람결에 토탄 타는 냄새가 한 자락도 배어 있지 않았다. 심지어 어슬렁거리는 개 한 마리조차 눈에 띄지 않았다.

커민스는 조랑말을 세우고 눈길을 걸어 어느 오두막집으로 다가갔다. 문을 열고 안을 살짝 엿보았다. 한기가 돌고 컴컴한 것이, 오두막집 안도 거리 풍경만큼이나 삭막했다. 가재도구도 하나 없었다. 하다못해 냄비나 의자나 서랍장도 없었고, 화로에는 불기도 없었다.

돌아서서 막 발을 떼려는 순간이었다. 컴컴한 구석에 있는 무언가가 눈에 들어왔다. 지저분한 짚더미 위에 몇 사람이 웅크리고 있었다. "허기지고 창백한 해골 같은 사람 여섯이 있었습니다. 몸에 걸친 건 말한테나 덮어 줄 너덜너덜한 넝마 같았어요. 다리에 꿰기는 꿰는데 무릎은 훤히 다 드러나 있더군요."

커민스는 그 가족이 모두 죽은 줄 알았다. 그런데 흐릿한 신음이 들렸다. "모두 열에 들떠 있었습니다. 아이 넷과 아낙 한 명과 한때 남정이었을 몸뚱이 하나, 모두 다."

그때 갑자기 밖에서 아우성치는 소리가 들려왔다. 내다보니 '유령처럼 보이는' 사람들이 떼거지로 몰려 있었다. 커민스는 사람들을 밀치고 수레로 가려고 애썼지만 앞을 가로막은 사람들을 뚫을 수 없었다. 누군가 뒤에서 커민스의 목덜미를 움켜잡았다. 돌아다본 커민스는 소스라치게 놀랐다. 꼬챙이처럼 깡마른 젊은 엄마가 갓난아기를 품에 안고 있었던 것이다.

그러나 장날이면 스키베린에 있는 가게마다 팔려고 내놓은 고기며 빵이며 생선들이 그득했다. 아일랜드인이 굶주림에 시달리는 것은 식량이 없어서가 아니었다. 그들이 굶주린 것은 식량을 살 돈이 없었기 때문이다. 그것은 잔혹한 깨달음이었다.

커민스는 집에 돌아가, 웰링턴 공작*에게 편지를 보냈다. 곤경에 처한 아일랜드 백성에게 빅토리아 여왕이 관심을 가질 수 있도록 도와 달라고 간곡히 당부하는 내용이었다. 똑같은 내용의 편지를 런던에 있는 『타임스』** 신문사에도 보냈다. 편지는 1846년 12월 24일자 신문에 실렸다. 그것을 계기로 영국의 부유한 사업가와 상인들은 영국 구호 협회를 결성했다. 아일랜드 돕기 기금 마련을 목적으로 하는 자선단체였다.

1847년 2월 『일러스트레이티드 런던 뉴스』 신문은 코크 주에 사는 화가 제임스 마니에게 그림 작업을 의뢰했다. 스키베린 상황을 화보로 보도하는 데 쓸 자료였다. 마니는 며칠 동안 스키베린을 돌아다

* 본명은 아서 웰즐리. 워털루 전투에서 프랑스 나폴레옹군을 격파한 사령관으로, 1828년에 영국 총리가 된 영국 군인이자 정치인.
** 영국의 3대 일간지로 꼽힐 만큼 유서 깊고 영향력 있는 신문 가운데 하나.

티퍼레리 주 서를스에 있는 이 시장에는 팔려고 내놓은 곡물과 농산물이 풍성하다.
그러나 굶주리는 사람들은 식량을 살 돈이 없었다.
─ 『일러스트레이티드 런던 뉴스』, 1848. 8. 26.

니면서, 커민스 치안판사와 마찬가지로 충격적인 광경을 목격했다. "관을 지고 가거나 장례식을 치르는 장면을 거의 100미터에 한 번 꼴로 목격했습니다. 죽어 가는 사람과 죽은 사람과 산 사람이 한곳에 같이 누워 있는 광경도 보았지요. 그것도 너덜너덜한 넝마 조각 말고는 차디찬 땅바닥에 아무것도 깔지 않은 채로 말이에요."

마니는 잊으려야 영영 잊지 못할 장면들을 잉크 펜으로 스케치했다. 수확을 끝낸 텅 빈 밭에서 감자를 캐는 아이들, 휑뎅그렁한 오두막집에 누워 있는 병든 아버지, 관을 실은 수레를 뒤따라가며 슬피 우는 가족, 죽은 아기의 관을 사려고 동냥하는 어머니 등등.

『일러스트레이티드 런던 뉴스』 신문은 마니가 취재한 기사와 펜화를 보도했다. 신문을 본 독자는 아일랜드가 겪고 있는 엄청난 기근과 빈곤에 경악을 금치 못했다. 멀리 미국에서도 여러 신문과 잡지에 아일랜드 기근과 참상을 다룬 기사가 실렸다. 독자들은 구호금과 옷가지 등을 아낌없이 기부했다.

대다수 영국 신문은 여전히 아일랜드인을 비판하는 어조가 강했다. 빈곤과 굶주림에 시달리는 것은 그들이 스스로 부른 화라고 비판했다. 그런 가운데 『일러스트레이티드 런던 뉴스』는 영국인의 동정심을 불러일으키는 데 이바지했다. 이 신문의 한 논설위원은 영국 정부의 구제 활동을 헛생색이라고 비꼬면서 영국 정부가 수치스럽다고 썼다. "우리는 아일랜드에 의무를 다하지 않았다……. [영국 정부는] 무시와 부주의와 자유방임주의로 일관함으로써 영국을 값싼 정치를 하는 나라로 만들 뿐만 아니라 아주 엄청난 잘못을 저지르고 있다." 논

제임스 마니는 관을 싣고 묘지로 향하는 수레를 뒤따라가는 유족들을 스케치했다.

－『일러스트레이티드 런던 뉴스』, 1847. 2. 13.

설위원은 다음과 같은 신랄한 풍자로 글을 끝맺었다. "영국 정부가 믿는 책은 오직 하나, 치부책뿐이다."

　　혹독한 겨울 내내 눈과 진눈깨비와 찬비와 곤궁이 아일랜드를 뒤덮었다. 그러나 수많은 아일랜드 노동자는 희망의 끈을 끝까지 놓지 않았다. 감자가 예전처럼 건강하게 되살아나리라고 굳게 믿었다. 그런 신념을 잃지 않은 어느 노동자는 씨감자 몇 알을 주머니에 넣고 다녔다. 이듬해 봄에 심을 때까지 안전하게 지키기 위해서였다. 그때를 기다리며 하루하루 일해서 번 몇 푼으로 자식 넷을 먹여 살리려고 애썼다.

제임스 마니는 죽은 아기의 관을 사기 위해 동냥하는 어머니를 스케치했다.

— 『일러스트레이티드 런던 뉴스』, 1847. 2. 13.

5장

감자가 자랄 때까지만

그들은 영혼을 팔았다네,
서푼도 안 되는 빵에,
멀건 수프와 실오라기 같은 베이컨에.

—루이스 오말리 (롱퍼드 주 에지워스타운)

대기근 당시 일어난 슬프디슬픈 비극 가운데서도 빼놓을 수 없는 몇 가지가 있다. 자식을 먹일 수 없었던 부모들, 그리고 젖먹이에게 끝까지 젖을 물리며 죽은 어머니들에 관한 이야기다. 식량난이 심해지면서, 사람들은 눈을 감기 전에는 절대 잊히지 않을 광경들을 목격하게 되었다.

어느 가게 주인이 영영 잊지 못한 사람은 영양실조에 걸린 아기를 품에 안고 어르던 한 어머니였다. 그는 "비쩍 마른 어린것이 불쌍하게도 계속 보채며 먹을 것을 찾았어요."라고 말했다. 보다 못해서 우유를 좀 주었다고 했다. 그런데 그날 늦게 그 여인이 길섶에 쓰러

99

클레어 주 에니스에서 코너라는 과부가 죽어 가는 자식 앞에서 기도를 올리고 있다.
5세 미만 어린이와 60세 이상 노인의 사망률이 가장 높았다.

- 『일러스트레이티드 런던 뉴스』, 1850. 1. 5.

져 죽어 있더란다. 아기는 엄마 품에 안겨 아직 살아 있었다고 했다.

식량 구할 돈이 절실하게 필요했던 가족들 사연은 충격적이었다. 젖먹이 자식과, 일하러 나가려면 기운을 내야 하는 큰아들 중 누구한테 젖을 물려야 할지 갈등한 어머니가 한둘이 아니었다. B. 오코너 신부가 킬라니 지역 구제 위원회에서 보고한 내용은 이랬다. "어느 집 가장이 공공 근로 사업장에서 일하다 병이 나서 몸져누웠답니다. 열다섯 된 아들이 아버지 대신 일을 나가게 되었지요. 그 집 어머니는 젖을 물고 있던 젖먹이를 억지로 떼어 낼 수밖에 없었다는군요. 큰아들이 어머니 젖을 먹고서라도 기운을 차려야 그나마 일을 하러 나갈 수 있었으니까요."

이보다 더 기막힌 이야기도 많았다. 자식이 고통스러워하는 모습을 보느니 차라리 어린 자식을 제 손으로 죽이는 등 살인이나 자살을 택한 부모들까지 생겼다.

어떻게 저토록 엄청난 비극이 일어날 수 있었을까. 오늘날에는 도무지 이해하기 어렵고 생각만 해도 마음이 뒤숭숭하다. 그러나 1847년 당시 한 퀘이커교도*는 굶주림이 육체와 정신에 미치는 영향에 대해 연민을 품고 이렇게 적었다. "가련하기 짝이 없는 사람들! 몸서리나도록 비참하고 궁핍한 그 사람들 삶을 똑똑히 보았기에, 나는 내 귀에 들려오는 소문을 눈곱만큼도 의심할 수 없다. 만일 그처럼 큰 충격을 직접 겪었다면, 우리 가운데 그 누가 자신이 어떻게 변

---

* 17세기 영국의 G. 폭스가 일으킨 개신교의 한 종파.

했을지 상상할 수 있을꼬."

감자가 다시 자랄 때까지, 아일랜드인은 끼닛거리를 구하거나 식량 살 돈을 마련해야 했다. 그런 상황이 누군가는 범죄를 꾀하게 했고, 누군가는 가톨릭교를 등질 수밖에 없는 처지로 몰아넣었다. 정직한 사람이 범죄를 저지르는 일도, 독실한 신자가 신앙을 저버리는 일도 말처럼 쉬울 리 없었다.

그것은 죄가 아니었다

세계 어느 나라와 마찬가지로 아일랜드에도 상습 채무자, 거지, 매춘부, 소매치기, 술주정뱅이 등 법을 어기는 사람은 있었다. 대체로 아일랜드는 분규가 거의 없는 평화로운 나라였고, 아일랜드인은 법을 잘 지키는 백성이었다. 그러나 역병으로 감자 농사를 쫄딱 망친 상황에서, 굶주림에 허덕인 사람들은 이판사판이 되었다.

더러 식량 폭동에 가담해 가게를 습격하기도 했다. 그러나 대부분은 식구를 먹여 살리고 살아남기 위해 안간힘을 쓰다가 저지른 가벼운 범죄였다. 그것도 감자, 순무, 양배추, 귀리 가루, 버터, 가축 따위의 식량을 훔치는 정도였다.

온 식구가 굶어 죽을 판에 끼닛거리를 훔치는 게 죄였을까? 몇몇 신부는 굶주림에 허덕이는 신도들을 이렇게 타일렀다. 반드시 먼저 도움을 청해서 양식을 얻으라고. 하지만 만일 극단적인 상황에서 거절당하거든 망설이지 말고 양식을 가져가라고. 패트릭 뎀시도 생각이 같았다. 그는 이렇게 말했다. "굶어 죽을 판에, 먹을 수만 있다면 무엇인들 못 훔치겠어요? 그건 절대 죄가 아니었어요."

어떤 노동자는 농민의 부엌에서 음식을 훔쳐 먹었다. 음식 좀도둑은 주머니에 숟가락을 넣고 다니면서 주인이 오트밀을 끓여 놓고 자리를 비운 틈에 냄비에서 오트밀을 그대로 떠먹었다. 위클로 주에서는 이런 일도 있었다. 한 남자가 어느 농민의 집에 들어갔다가 화덕에 올려놓은 솥에서 펄펄 끓고 있는 양 다리를 보았다. 그 남자는 누가 오기 전에 냉큼 양 다리를 건져 갔다. 그 남자의 손녀인 캐버나 부인은 이렇게 전했다. "식구들이 쫄쫄 굶고 있었대요. 그래서 손이야 데든 말든 솥에서 팔팔 끓는 걸 건져 집으로 가져갔답니다."

식구를 살릴 수 있는 일이라면 아이들도 마다하지 않고 나섰다. 밀, 호밀, 귀리 같은 곡식을 베어 낟가리로 쌓아 놓은 밭에 몰래 숨어들어가 자루에 곡식을 가득 채워 왔다. 웨스트미드 주에 사는 길모어 부인은 이렇게 말했다. "낮에는 그림자 하나 얼씬하지 않았어요. 어른들은 집에 틀어박혀 있었고, 아이들은 건초 더미나 곡식 낟가리 속에 숨어 있었죠……. 밤이 되면 아이들이 작은 자루에 곡식을 꽉꽉 채워 집으로 몰래 가져가서 끓여 먹곤 했습니다."

농민들이 밭에 심은 씨감자는 남아나지 않았다. 사람들이 긴 작대기 끝에 못을 박아 땅을 푹푹 찔러서, 씨감자가 찍히는 족족 파내 갔다. 그런가 하면 감자가 싹을 틔워 줄기가 땅 위로 올라오자마자, 알이 채 영글지도 않은 것을 뿌리째 뽑아 갔다.

무장한 남자들이 곡물과 가축을 실은 수레를 습격하려고 기다리고 있다.

- 『픽토리얼 타임스』, 1847. 10. 30.

농민은 농작물을 지키는 데 혈안이 되었다. 순무며 양배추며 가축들을 지키느라 밤을 꼴딱 새웠다. 일요일에는 성당조차 가지 않았다. 심지어 범인을 잡으려고 밭에다 위험하기 짝이 없는 함정, 즉 깊은 구덩이를 파 놓는 농민까지 생겼다. 깊이 240센티미터에 너비 60센티미터쯤 되는 구덩이를 파서 가시덤불과 풀로 가려 놓았다. 토머스 오플린이 전한 말은 이랬다. "주인이 잠복해 있다가 몰래 숨어든 사람이 함정에 빠지면 달려나와 죽어라 몽둥이찜질을 했어요. 구덩이에 물을 채워 놓는 바람에 익사하는 사람도 있었습니다."

지주들은 무장 파수꾼을 고용해 사유지에 무단으로 침입하는 사람들을 막았다. 메요 주에 살던 16세 소년 톰 플린은 사유지를 지나는 강에서 물고기를 잡았다는 이유로 파수꾼에게 붙잡혔다. 톰 플린은 나중에 그곳을 다시 찾아가 강물에 석회를 뿌렸는데, 물고기들이 죽었다. 톰 플린의 손녀 엘리자베스 걸리 플린은 이렇게 전했다. "물고기들이 배를 뒤집고 둥둥 떠올라 그 대단한 나리님께 인사를 드렸다더군요." 언제 또다시 붙잡힐지 몰라 도망친 톰 플린은 배를 타고 캐나다로 떠났다.

그런 죄를 저질러 유죄 판결을 받은 사람들은 무거운 형벌을 선고받았다. 무단 침입 같은 경범죄를 저지른 사람도 예외가 아니었다. 남의 양배추 밭에 함부로 들어간 여자는 징역 3일을 살아야 했다. 에니스 주에 사는 어떤 남자는 처자식 다섯 식구를 먹이려고 양고기를 훔치다 붙잡혀 징역 2년을 선고받았다. 위클로 주에 사는 두 소년은 순무를 훔치다가 붙잡혔는데 순무를 넣은 자루를 용케 덤불 속에 감

법을 어긴 사람은 가혹한 처벌을 받았다. 이 여자는 어느 농민의 양배추 밭에 무단출입한 죄로 체포되어, 아기와 함께 사흘 동안 감옥살이를 했다.

– 윌리엄 메이크피스 새커리, 『아일랜드 스케치북』. 1865.

춰 두었다. 감옥에서 석 달을 살고 풀려난 소년들이 그 밭을 찾아갔더니 숨겨 둔 순무 자루가 그대로 있었다. 두 소년은 기가 팔팔 살아서 자루를 들고 집으로 돌아갔다.

더러는 '유배형', 즉 국외 추방형을 선고받기도 했다. 쇠사슬에 묶인 채로 배에 실려 오스트레일리아로 떠난 사람들은 영국이 유배지로 쓰는 그 야만스러운 식민지에서 몇 년 동안 중노동을 했다. 어느 16세 소년은 소 한 마리를 훔친 죄로 유배형을 선고받았다. 판사는 어린 나이를 고려할 때 형벌이 너무 가혹하다는 것은 알지만 소년도 법을 어기면 마땅히 처벌을 받아야 한다며 이렇게 판결했다. "이 죄인처럼 아직 나이가 어리다고 해도 절도범을 면죄한다는 것은 아니 될 일입니다. 이 소년은 나라 밖으로 멀리 내보내는 것이 가장 합당하겠습니다." 한번 유배되면, 돌아오는 사람은 거의 없었다.

1846년에서 1847년으로 넘어가던 겨울에는 식량난이 더욱 심각해졌다. 신문들은 식량 폭동, 가게 약탈, 초만원을 이룬 구빈원, 일가족이 죽은 채로 발견된 오두막집 소식을 잇달아 보도했다. 상류층과 중류층 사람들은 징역과 유배형만으로는 범죄를 막기 어렵다는 사실을 깨달으면서 점점 더 불안해했다.

찰스 트레벨리언도 신문 보도를 접하고 심란했다. 마침내 그는 엄연한 현실을 직시하고, 아일랜드 노동자들에게 식량이 절실하다는 사실을 인정해야 했다. 그리하여 아일랜드인에게 무료 급식을 실시하기로 결정했다.

수프 식당법

수프가 무료 급식을 하기에 딱 좋다고 여긴 이유는 세 가지였다. 영양이 풍부하고, 값싸고, 대량 조리가 쉬웠다. 수프에 빵이나 귀리 케이크 한 조각을 곁들이면 극빈자 수천 명에게 저렴하면서도 영양가 높은 식사를 제공할 수 있을 터였다.

영국 의회는 1847년 2월에 임시 구제법을 가결했다. 이 법은 흔히 수프 식당법Soup Kitchen Act으로 통했다. 이번에도 역시 구제 사업은 너무 더뎠다. 무료 급식 대상자 명부 열 권, 서류 8만 장, 수프 배급표 300만 장을 준비하느라 국영 수프 식당을 개설하기까지 넉 달이 걸렸다.

드디어 6월에 수프 식당이 문을 열었다. 더없이 궁핍한 노동자가 그 끔찍한 구빈원에 들어가지 않고도 정부에서 베푼 구제 정책의 혜택을 누린 것은 이때가 처음이었다. 자기 집에서 계속 살면서 지역 수프 식당에서 끼니를 해결할 수 있었던 것이다. 그 차이는 중요했다. 각자 자기 감자밭을 가꿀 수 있으니, 그다음 수확기에는 스스로 식량을 마련할 수 있을 터였다.

수프는 대형 금속 용기나 가마솥에 끓여, 일명 수프 식당이라고 부르는 무료 급식소에서 나눠 주었다. 펠릭스 커넌은 이렇게 말했다. "고기를 조금 넣긴 했지만, 주로 채소와 쐐기풀 같은 푸성귀로 끓인 풀죽이었어요. 하루에 한 사람에게 나눠 주는 건 김이 나는 멀건 죽 한 그릇이 전부였습니다."

구제 위원회에서 발행하여 수프 급식 수령 대상자에게 나눠 준 배급표. 9세 이하 어린이에게는 절반 배급표를 발급해 주었다. - 아일랜드 국립도서관 제공. R. 27159

    사람들은 배급표를 손에 들고 수프 식당 바깥에서 줄지어 서서 기다렸다. 종이 울릴 때마다 100명씩 들어갔다. 수프 한 그릇과 빵 한 조각을 받아서 허겁지겁 자리를 찾아 앉았다. 기다란 탁자에 쇠사슬로 묶어 둔 숟가락으로 잽싸게 먹고 나서, 나가는 문을 통해 식당을 떠났다. 그릇을 헹구고 종을 치면, 그다음 100명이 안으로 들어갔다.

    규칙이 엄격했는데도, 워낙 굶주린 탓에 수프를 남보다 먼저 받으려고 싸우기도 했고 다른 사람이 받은 수프 그릇을 낚아채 가는 일까지 벌어졌다. 숀 커닝엄이 들려준 말은 이랬다. "사람들이 줄을 서서 기다리는 곳에 질서 유지 요원이 한 명 있었어요. 걸핏하면 사람들에게 두툼한 몽둥이나 작대기를 무지막지하게 휘둘렀어요. 인정사

109

1847년 4월, 시범 수프 식당이 더블린에서 문을 열었다. 부유층 사람들이 급식소를 시찰
하고 일류 요리사 알렉스 소이어가 조리한 수프를 시식했다.

－『일러스트레이티드 런던 뉴스』, 1847. 4. 17.

정없이 팼지요."

수프 식당 안에 들어가서도 차례를 기다리지 못하고 덤비다 부상을 입는 사람도 생겼다. 펠릭스 커넌은 이렇게 말했다. "그 딱한 사람들은 정말이지 굶주린 짐승 같았어요. 조금만 기다리면 먹을 수 있을 텐데도 그새를 못 참아 팔팔 끓는 가마솥에 손을 쑥 집어넣는 일이 적잖게 일어났지요."

몇몇 구빈 조합의 경우에는 수프 식당까지 몇 킬로미터나 걸어가야 했다. 워낙 굶주린 탓에 쇠약해질 대로 쇠약해져서 가는 도중에 쓰러져 죽거나 식당 입구에서 기절하기도 했다. 줄을 서서 기다리다 죽는 사람도 있었다. 식사를 다 먹자마자 그대로 푹 쓰러져 죽는 사람까지 생겼다. 영양실조에 걸린 사람이 갑작스럽게 음식을 섭취하면 쇼크사를 당하는 수도 있다.

의료진은 수프 급식 식단의 영양을 문제 삼았다. 수프만으로는 사람의 몸이 뼈와 근육과 혈액을 건강하게 유지하는 데 필요한 영양분을 섭취하기가 어렵다고 주장했다. 비타민 결핍으로 설사와 괴혈병이 급증할 수 있다는 우려스러운 의견도 내놓았다. 괴혈병에 걸리면 이가 빠지고 뼈도 약해진다.

수프는 이질에 걸린 사람에게는 특히 해로웠다. 식량 보급 담당관도 의료진과 생각이 같다면서 수프는 '구호 대상자를 찌르는 칼'이나 다름없다고 한탄했다. 그런 비판에도 아랑곳없이 정부는 주요 구제 시책을 공공 근로 사업에서 수프 식당으로 바꾸었다.

차라리 죽는 게 낫겠어요, 어머니

자선을 베푸는 단체와 개인도 속속 수프 식당을 세웠다. 대부분 아무런 조건 없이 관대하게 베풀었다. 그러나 전도에만 혈안이 된 일부 신교도들은 달랐다. 그들은 수프든 돈이든 옷이든, 신앙을 버리고 신교로 개종한 가톨릭교도에게만 주었다. 이들 복음주의 신교도를 일러 '미끼 자선가'soupers라고 했고, 그들이 벌이는 전도 활동을 '미끼 자선주의'souperism라고 불렀다.

열성이 지나친 미끼 자선가는 집집마다 찾아다니며 신교 예배나 성경 공부반에 참석하면 음식을 주겠다고 굶주린 가톨릭교도들을 꼬드겼다. 가톨릭교를 비방하는 선교 책자를 인쇄해 아이들에게 나눠 주고는 집에 가져가서 식구들에게 보여 주라고도 했다. 그런가 하면 공공장소에 선교 책자를 뭉텅이로 놓아두거나 길섶에 마구 뿌려 두기도 하고 오두막집을 돌며 휙휙 던져 넣기도 했다.

금요일에 고기 넣은 수프를 주어서 신앙을 버릴 수밖에 없도록 궁지로 내몬 미끼 자선가도 있었다. 금요일에는 육식을 금지하는 가톨릭교 의식을 악용한 것이었다. 캐번 주에 사는 제임스 아규는 이렇게 말했다. "신교로 개종하거나 금요일에 베이컨, 소고기를 먹은 가톨릭교도라면 누구나 수프와 고기를 실컷 얻어먹었어요. 하지만 금요일에 소고기나 베이컨 먹기를 거부한 사람은 국물도 없었죠." 식전에 성호를 긋지 못하도록 가톨릭교도 아이들의 손을 등 뒤로 돌려 묶은 미끼 자선가도 있었다는 주장도 나왔다.

가톨릭교도인 어느 농민의 아내는 자기 마을에서 미끼 자선 활동을 벌이고 있다는 소문을 듣고는, 이웃에게 직접 급식을 하기로 마음먹었다. 코크 주 사람 메리 머피는 이렇게 말했다. "그분은 직접 급식소를 차려 굶주림을 퇴치하고 개종 강요에 맞서기 시작했어요. 비트, 감자, 사워밀크,* 오트밀을 불우한 이웃에게 나눠 주었어요."

아무리 굶주리고 궁핍해도 개종을 거부하는 사람은 많았다. 한 번은 미끼 자선가가 굶주림에 시달리는 어느 모자에게 신앙을 버리면 음식을 주겠다고 했다. 그러자 어머니가 아들을 돌아보며 수프를 받아먹는 게 좋을지 아니면 죽는 게 좋을지 물었고, 아들은 아일랜드어로 이렇게 대답했다. "Is fearr an bás, a mháthair."(죽는 게 낫겠습니다, 어머니.) 독실한 가톨릭교도 가운데 이런 사람이 한둘이 아니었다. 다운 주에 살던 한 여자는 이렇게 말했다. "우리 지역에서는 그 따위 수프를 받아먹을 바에야 차라리 길거리에서 죽었습니다."

그러나 굶주림을 견디다 못해, 적어도 한동안이나마 신앙을 버린 사람들도 생겼다. 그 사실을 알게 된 어느 신부는 자신의 교구 성당에 다니던 사람을 이렇게 나무랐다. "당신은 하느님도 그 악귀도 만족시키지 못할 것이오." 그러자 개종한 그 신도는 걱정 말라며 이렇게 대답했다. "아, 신부님. 감자가 자랄 때까지만입니다."

티퍼레리 주에서는 신교 예배에 참석하는 개종자에게 새 옷을 나눠 주는 일도 있었다. 그다음 일요일에, 그들은 새 옷을 입고 성

---

*　sour milk: 일부러 발효해 신맛이 나게 만든 우유로 주로 요리의 맛을 내는 데 쓴다.

이 희귀한 스케치는 굶주리는 가톨릭교도 어린이들을 위해 신교도가 골웨이 주에 세운
'수프 학교'(soup school) 풍경을 보여 준다.

당 미사에 참석했다. 신교 목사는 새 옷을 내놓으라고 다그쳤지만 그 '개종자들'은 어쨌든 약속을 지켰다고 맞섰다.

어느 가난한 가톨릭교도 가족은 굶어 죽을 위기에 처하자 어머니가 두 아들과 함께 먹을 '미끼 수프'를 받았단다. 어머니는 약속대로 신교 예배에 참석은 했지만, 예배 시간 내내 가톨릭 미사를 드렸다고 한다. 토머스 켈리의 말이다. "그 여자는 목사가 예배를 이끄는 동안 바닥에 무릎을 꿇고 앉아 계속 중얼중얼 묵주 기도를 올렸어요." 그것을 본 목사는 잘못을 뉘우쳤고, 예배가 끝난 뒤 그 여자에게 앞으로는 예배에 나오지 않아도 된다고 말했다고 한다.

전체로 보면 미끼 자선 활동을 벌인 신교도는 드물었다. 그러나 엄연히 존재한 것이 사실이라, 오래도록 씻기지 않을 적대감을 남겼다. 그 때문에 가톨릭교도와 신교도 사이, 수프를 받아먹고 개종한 사람과 개종을 거부한 사람 사이에 팽팽한 긴장감이 감돌았다. 미끼 수프를 받아먹은 사람들 때문에 자기네 마을에 저주가 내렸다고 믿는 사람도 더러 생겼다.

그러나 같은 종교를 믿는 신도들끼리 더 친절하고 관대하게 대했을 것이라고 생각한다면 착각이다. 종교의 차이가 사람을 갈라놓을 수는 있다. 하지만 영리를 꾀할 기회 앞에서는 종교가 다른 사람끼리도 뭉치는 경향을 보였다. 가톨릭교를 믿든 신교를 믿든 상관없이, 도매상도 소매상도 사채업자도 거의 한통속이었다. 식량은 터무니없이 비쌌고 이자는 턱없이 높았다.

자선은 가까운 이웃에서부터

시골 자기 사유지에 거주하는 지주와 대농 중에도 어려운 시기에 소작농을 꼬박꼬박 도운 사람은 더러 있었다. 감자 흉년이 들면 돈도 재물도 아끼지 않았다. 자기네 부엌에서 수프와 죽을 끓여 소작농과 농업 노동자 들에게 나눠 주었다. 프랜시스 맥 폴린은 다운셔의 후작을 예로 들었다. "후작님은 사유지 안에 사는 가난한 사람의 고통을 덜어 주려고 있는 힘을 다하셨어요. 가난한 사람들이 작은 깡통을 들고 브라이언스퍼드 로드에서 힐타운까지 줄지어 늘어선 모습은 흔한 광경이었지요."

지주나 대농, 관리가 자기 재산을 털어 자선을 베풀 때면 대개 부인과 딸들이 직접 구호 활동에 나섰다. 위클로 주에 거주한 어느 지주의 아내 엘리자베스 스미스는 일기에 이렇게 썼다. "자선은 가까운 이웃에서부터 시작해야 한다. 우리 땅에서 일하는 모든 일꾼에게 우유와 수프를 나눠 주고 환자나 노인에게도 빠짐없이 수프를 주고 있다. ……소를 또 사야겠다. 우유와 버터가 다 떨어져 가니."

부유한 집에서 태어난 아이들도 가난한 또래 아이들을 도왔다. 그 가운데 킬러시 구빈 조합에서는 일곱 살짜리 '꼬마 아씨 케네디'가 유명했다. 현지에서 구빈 활동을 살피는 감찰관의 딸인 케네디는 겨우내 누더기만 걸치고 사는 아이들을 보고서, 자기 옷을 다 나눠 주고 엄마 옷장에서도 몇 벌을 꺼내 나눠 주었다. 그래도 모자라자 자기 돈으로 천을 사다가 아이들에게 줄 옷을 직접 만들었다.

'꼬마 아씨 케네디'가 클레어 주 킬러시 구빈 조합에 사는 가난한 아이들에게 겨울옷을 나 눠 주고 있다. 이 그림이 아홉 살 소녀를 길이길이 후세에 전하고, 다른 사람들에게 아량 을 심어 주기를 바란다고 화가는 밝혔다.

-『일러스트레이티드 런던 뉴스』, 1849. 12. 22.

그런가 하면 자선 활동에 나선 부유층 여자들은 지역 아이들을 위해 학교를 세웠다. 그 '직업' 학교에서 아이들은 공부도 하고 일도 했다. 읽기와 쓰기를 배우면서 뜨개질과 자수로 장식품을 만들었다. 직업학교에서 아이들이 만든 물건을 런던에 내다 판 수익금은 아이들을 돕는 데 썼다. 한 참관자의 기록에 따르면 어느 열두 살 여자애는 숱한 밤을 새워 가며 뜨개질을 했다고 한다. 그렇게 뜨개질을 해서 돈을 번 덕에 여자애 가족은 구빈원에 들어가지 않아도 되었다.

살림살이가 빠듯한 서민도 어려운 사람들을 힘껏 도왔다. 네드 버클리는 이렇게 말했다. "크레민 노부인은 정말이지 성심성의껏 가난하고 굶주린 사람을 도왔습니다. 늘 감자를 넉넉히 삶아 일부러 화롯가에 조금씩 남겨 두곤 했어요. 가난으로 배곯는 사람이 노부인 댁에 들르면 누구든 먹을 수 있도록 마음을 쓴 것이죠. 미지근하게 식은 감자 몇 알과 우유 한 양푼이 굶주린 사람들에게는 크나큰 은혜였지요."

한 여자는 이런 말을 들려주었다. "우리 외갓집 식구는 글렌에 살았어요. 집이 길가에 있었는데 솥에다 죽을 계속 끓여 굶주린 사람이 지나갈 때마다 나눠 줬어요. ……하루는 아주 덩치가 큰 남자가 비치적비치적 걸어와서는, 게걸스럽게 죽을 실컷 먹은 다음 떠나려고 문가로 갔대요. 그런데 채 썬 양배추 한 통과 돼지를 먹이려고 끓인 죽을 보고는, 통 앞에 무릎을 꿇고 앉아서 아귀아귀 먹더래요."

부모를 여읜 아이들은 형제자매가 서로를 보살폈다. 때로는 어지간해서는 하기 힘든 자기희생과 장한 행동을 보여 주기도 했다. 고아 형제가 어느 집을 찾아가 문을 두드렸다. 형은 아홉 살, 동생은 다섯 살이었다. 빵을 좀 달라는 말에 집주인 여자는 아침에 먹고 남은 빵을 형에게 건네주었다. "동생과 꼭 나눠 먹어야 한다." 여자가 이렇게 이르고 문을 닫으려는데 형이 동생에게 빵을 주면서 이렇게 말했다. "자, 받아. 조니, 넌 나보다 어리니까 배고픔을 참기가 훨씬 어려울 거야. 너 다 먹어."

흔히 퀘이커교로 통하는 종교 친우회Society of Friends는 굶주린 사람에게 수프와 음식을 베푼 가장 큰 단체였다. 퀘이커교도는 미국과 영국의 교우들과 끈끈한 유대감을 발휘해 쌀을 수입하고 아일랜드 곳곳에 수프 식당을 세울 설비를 제공했다. 또 옷가지와 침구를 지원하고, 씨앗을 나눠 주고, 아마처럼 시장에 팔 수 있는 새로운 작물을 재배하도록 독려하고, 양식장 개발에도 도움을 주었다.

영국 구호 협회는 주로 편지 쓰기 운동으로 아일랜드 돕기 기금을 모았다. 빅토리아 여왕은 2,000파운드[약 3억 원]를 기부했고, 영국뿐 아니라 미국, 오스트레일리아 등지에서도 기부금을 보내왔다. 영국 구호 협회 회원들은 지역 구제 위원회와 긴밀하게 협력하면서 기금, 음식, 연료, 의류 따위를 지원했다. 또한 운영이 어려운 구빈 조합에 보조금을 지급해, 학생 20만 명에게 날마다 호밀빵과 따끈한 고기 수프를 배급하는 데 쓰도록 했다.

미국에서는 굶주리는 아일랜드인에게 연민을 느낀 수많은 사람이 자선 콘서트와 다과회를 열었다. 기숙학교에 다니는 여학생들은 직접 만든 옷과 생필품의 판매 수익금을 아일랜드에 기부했다.

종교 친우회는 아일랜드에서 가장 빈곤한 지역 곳곳에 수프 식당을 세웠다.
코크 주에 있는 이 급식소에서 나눠 준 수프는 하루에 약 7,000리터였다.

－『일러스트레이티드 런던 뉴스』, 1847. 1. 16.

미국 남부에 있는 여러 철도회사는 아일랜드로 보낼 식량 운송비를 감면해 주었다. 미국은 정부 차원의 공식 원조는 승인하지 않았지만, 의회에서 군함 제임스타운 호와 마케도니안 호 두 척에 아일랜드 구호 식량을 운송하도록 허가했다. 그때 미국이 멕시코와 전쟁 중이었다는 사실을 고려하면 이례적인 조처였다.

무엇보다 아메리카 원주민인 촉토족의 원조가 아주 특별했다. 이 인디언 부족은 시련을 겪고 있는 아일랜드인에게 남다른 동병상련을 느꼈다. 촉토족은 15년 전, 1831년에서 1832년으로 넘어가는 겨울에 조상 대대로 살아오던 미시시피 땅에서 쫓겨났다. '눈물의 이주길'에 올라, 오클라호마까지 1,000킬로미터를 걸어가는 동안 촉토족 부족민 절반이 사망했다. 그들은 1847년에 아일랜드 구호 기금으로 110달러[약 350만 원]를 기부했다.

구호 기금을 가장 많이 낸 것은 미국과 캐나다에 정착한 아일랜드 이민자였다. 이들이 보낸 기부금은 다른 단체들보다 열 배나 많았다. 가족이 이주할 수 있도록 배표를 보내는 경우도 많았다. 이들이 고국에 기부한 금액은 1847년 한 해에만 100만 달러[약 300억 원]쯤 되었다.

대기근이 끝나다

정부에서 공짜로 주는 밥을 받아먹는다? 처음에는 수많은 빈민이 그

런던에서는 아일랜드 구호 기금을 마련하기 위해 이처럼 웅장한 군인 바자회가 열렸다.
귀부인들이 호화스러운 매대를 설치하고 값비싼 물건들을 진열하고 있다.

-『일러스트레이티드 런던 뉴스』. 1847. 5. 29.

런 생각을 끔찍이 싫어했다. 자선에 기대는 것은 체면이 깎이는 일이라고 믿었기 때문이다. 누구는 거저 얻어먹느니 차라리 굶고 말겠다고 했고, 누구는 기다렸다가 어둠이 내리면 양식을 구하러 다녔다. 캐슬린 도노번은 이렇게 말했다. "아무리 힘들고 어려워도 가난한 사람들은 체면을 지키려고 애썼어요. 무료 급식소에 수프를 받으러 가는 것조차 부끄러워서 밤이 될 때까지 기다리는 사람이 많았지요."

1847년 8월 중순까지 국영 수프 식당에서 급식한 인원은 하루에 무려 남녀노소 300만 명이나 되었고, 그 결과는 대단했다. 지난겨울에 무수히 많은 사람이 끔찍한 고통을 겪은 스키베린만 보아도 효과가 컸다. 그 마을 사람들은 건강이며 외모가 전체적으로 좋아졌다고 구제 위원회는 밝혔다. 그해 여름철에 사망자가 거의 없었던 것도 무료 급식 덕분이었다.

사람들은 가슴 졸이며 여름 내내 감자를 지켜보았다. 햇감자를 캘 무렵, 기쁜 소식이 들려왔다. 감자 역병이 도질 만한 징후가 어디에서도 거의 발견되지 않았다는 것이다. 한시름을 놓은 찰스 트레벨리언은 식량난이 끝났다고 발표했다. 그리고 국영 수프 식당을 폐쇄하라고 지시했다.

그 결정은, 이번에도 역시 성급했다. 대기근이 끝나려면 아직 한참 멀었기 때문이다. 1847년에 수확한 감자는 싱싱했지만 절망스럽도록 양이 적었다. 다가올 겨울에 아일랜드 인구 전체가 먹을 식량으로는 턱없이 모자랐다. 노동자는 양자택일을 해야 했다. 구빈원에 들어가거나 굶어 죽거나.

식량을 실은 배가 도착하는 것을 보고 안도하는 아일랜드인의 모습을 어느 화가가 그리고 있다. 몇몇 바닷가 마을에서는 아일랜드 어부들이 길게 줄지어 서서 배를 반겨 맞았다. 그들을 안쓰럽게 여긴 선원들은 음식을 나눠 주었다.

-『픽토리얼 타임스』, 1847. 1. 30.

제임스타운 호와 마케도니안 호가 미국에서 아일랜드로 식량을 날랐다.

-『일러스트레이티드 런던 뉴스』, 1847. 8. 7.

6장

열병이라니요, 하느님, 가호를 베푸소서

그대의 관은 부디
백 년 묵은 최고급 나무로 짜시기를
내가 내일 가서 새로 심으리니.

—아일랜드 전통 축원문

1838년에 시행한 아일랜드 구빈법에 따라 구빈 조합은 맨 먼저 구빈원을 설립했다. 구빈원을 설계할 당시 예상한 수용 인원은 대략 극빈자 10만 명이었다. 1845년 감자 흉년으로 시작된 대기근 이전까지 구빈원에 수용된 사람이 3만 8,000여 명이었다. 대기근 두 해째에는 구빈원을 찾는 사람이 50만 명을 넘어섰다.

1847년 무렵에는 구빈원 제도가 문란해졌다. 초만원을 이룬 구빈원이 한둘이 아니었다. 수용할 여유가 있어도 받아 주지 않는 구빈원도 있었다. 파산 직전이라 식량과 물품을 추가로 구입할 형편이 못 되었기 때문이다. 납세자들이 의무를 거부한 구빈 조합의 구빈원은 특히 심했다. 지방세가 점점 인상되면서 빚이 눈덩이처럼 불어나 파산 지경에 이른 지주가 많았던 것이다.

조니 캘러핸이라는 소년은 로스커먼 주에 있는 캐슬레이 구빈원에서 제빵사로 일하는 아버지를 도와 함께 일했다. 사람들이 날이면 날마다 제빵실 문밖에 새 떼처럼 몰려들어, 굶주리다 못해 이성을 잃고 먹을 것 좀 달라고 아우성쳤다. 자칫하면 제빵실까지 쳐들어올 상황이라, 구빈원 사무관들이 창문마다 쇠창살을 달았다.

조니와 조니네 아버지는 밤에 일을 마치고 제빵실을 나서기 전에 옷에 묻은 밀가루를 탈탈 털어 내고 손도 깨끗이 씻었다. 조니는 그때 일을 몇 해 뒤에 이렇게 털어놓았다. "아버지는 늘 신경이 곤두서 있었어요. 옷에 밀가루가 묻은 줄도 모르고 사람 많은 데로 나갈까 봐요. 오래 굶주린 누군가가 아버지를 덮쳐서 죽일지도 모른다고 생각했거든요."

어머니가 구빈원 사무관에게 자식을 받아 달라고 애원하는 모습은 가슴이 미어지는 광경이었다. 한 목격자는 이렇게 전했다. "아이들은 살이 다 빠져 뼈만 앙상하게 남았더군요. 자식을 예닐곱쯤 둔 엄마들은 두어 명만이라도 받아 달라고 간청했어요." 구빈원 철문을 기어오르거나 어떻게든 들어가려고 기를 쓰다가 경찰에게 쫓겨나기도 했다.

용케 구빈원에 들어간 사람들도 별 도움은 받지 못했다. 식량도 침구도 부족한 구빈원이 태반이었다. 킬러시 구빈원에 들어간 사람들은 고작 하루에 한 끼씩 먹었다. 그 한 끼도 수프와 순무 토막이 전

골웨이 주의 클리프덴 구빈원은 파산할 지경에 놓이자 찾아온 사람을 돌려보냈다.
클리프덴에서는 오갈 데 없는 수많은 주민이 종적도 없이 사라졌다.

-『일러스트레이티드 런던 뉴스』, 1850. 1. 5.

부여서 주린 배로 잠자리에 들었다. 골웨이 구빈원에서는 식량이 거의 바닥날 지경에 이르러서, 오트밀 있는 곳으로 돌진하려는 입소자들을 경비원들이 몽둥이를 들고 막았다. 스키베린 구빈원에서는 한 침대에 세 사람씩 잤다. 더러운 짚더미 위에서 넝마 같은 담요를 덮었다. 한 시찰관은 이렇게 밝혔다. "산 사람과 죽어 가는 사람이 걸레쪽 같은 이불을 함께 덮고 나란히 누워 있었어요."

굶주림보다 더 무시무시한

사람은 몇 달 동안 제대로 먹지 못해도 살 수 있다. 인체가 굶주림에 적응하기 때문이다. 이를테면 몸이 알아서 물질대사를 늦추고 뼈와 조직과 근육에 저장되어 있는 단백질과 비타민과 미네랄로 생명을 이어 간다.

사람은 굶주리면 처음에는 먹을 것을 달라고 아우성친다. 그러나 몸이 쇠약해질수록 뇌 활동이 느려진다. 이것이 더 굶주린 사람을 두고 '비굴하게 굽실거린다.'라거나 '하는 짓이 어린애 같다.'라고 묘사하는 까닭이다. 한 여자는 이렇게 말했다. "그 사람들은 도와 달라는 말 한마디 없이, 몇 시간이고 창문가에 멍하니 서 있기만 해요. 쫓아낼 때까지 꿈쩍도 하지 않은 채로." 기근 피해자는 으레 탈수, 저체온증, 부정맥, 갖가지 감염증에 걸린다. 그러다 마침내는 심장마비, 신부전, 쇼크 등으로 사망에 이른다.

이 그림을 통해 구빈원 여자 숙소 생활을 엿볼 수 있다.
좁다란 침상에 누워 있는 여자들은 병에 걸린 것으로 짐작된다.
-아일랜드 국립도서관 제공, R. 28057

영양가 높은 감자를 먹지 못한 아일랜드 사람들은 영양실조에 걸렸다. 따라서 바이러스와 세균에 대한 저항력도 떨어졌다. 아일랜드 대기근 시기에 질병으로 죽은 사람이 굶주려서 죽은 사람보다 어림잡아 열 배나 더 많다. 정확한 수치는 영영 알 길이 없다. 일가족 전체가 가뭇없이 사라졌는가 하면 이름 없는 무덤에 수천 명씩 무더기로 묻히기도 한 탓이다. 코크 주 서부에 사는 한 농민은 이렇게 말했다. "사람들이 묻힌 곳을 들으면, 감히 밤에 문밖을 나설 엄두도 못 낼 겁니다."

비위생적인 음식과 오염된 물을 먹고 생활환경마저 불결한 탓에 질병은 널리 퍼졌다. 존 매카시는 이렇게 말했다. "우리 어머니는 '하느님, 가호를 베푸소서. 궁핍과 함께, 나쁜 것들을 먹은 사람들과 함께, 저 열병이 왔나이다.' 이렇게 웅얼거리곤 했어요. 워낙 굶주리다 보니 상했든 말든 아무거나 닥치는 대로 먹었으니까요."

사람들은 말, 당나귀, 개, 고양이를 잡아먹었다. 심지어 죽은 짐승도 눈에 띄는 족족 서슴없이 먹었다. 온 식구가 쫄쫄 굶는 마당에 이웃이 돼지 두 마리를 땅에 묻는 소리를 들은 사람에게 돼지가 콜레라로 죽은 것쯤은 문제가 되지 않았다. 지미 퀸은 자기 어머니에게 들은 이야기를 이렇게 전했다. "어머니 말이, 도무지 밤이 될 때까지 기다리지도 못하겠더래요. 그래서 바로 밖으로 나가서 돼지를 파내고 그 자리를 원래대로 해 놓고는, 집으로 가져가서 먹었답니다. ……그러니 콜레라에 안 걸리고 배기나요? 빌어먹을!"

현지에서 빈민 구제 실태를 조사한 어느 감찰관은 아일랜드의

거지들이 도시와 읍내로 바글바글 몰려들어 음식이나 식량 구할 돈을 구걸했다.

– 윌리엄 메이크피스 새커리, 『아일랜드 스케치북』, 1865.

남부와 서부는 식량이 동났다면서 이렇게 보고했다. "돼지도 닭도 싹 없어졌습니다. 개도 눈에 띄지 않았어요. 이따금 여기저기서 유령처럼 어슬렁거리는 한두 마리를 빼놓고는." 사람이 길섶에 쓰러져 죽거나 관도 없이 그냥 땅에 묻히면, 걸신들린 개가 시체를 뜯어먹었다. 그런 개는 다시 굶주린 사람에게 잡아먹혔다. 전염병은 그렇게 자꾸 자꾸 퍼져 나갔다.

대표적인 전염병은 발진티푸스, 재귀열, 콜레라, 이질이었다. 이런 돌림병은 대개 빈민층에서 발병해 중류층과 상류층까지 번졌다. 어린이와 노인은 특히 감염 위험성이 높았다. 숀 크롤리는 이렇게 말했다. "노약자는 오래 버티지 못했습니다. 죽음은 너무도 빨리 목숨을 요구했어요. 열병이 노인과 어린아이들을 마구 잡아간 거죠."

발진티푸스와 재귀열을 옮긴 것은 '이'였다. 먹을거리와 일자리를 찾아 떠돌며 구걸에 나선 사람의 옷과 몸에 감염된 이가 붙어살았다. 정처 없이 떠돌던 사람은 밤이 되면 난롯불이나 불빛이 보이는 오두막집 문을 두드렸다. 주인은 풍습대로 손님을 맞아들여 하룻밤을 재워 주었다. 손님은 따뜻한 난롯가에서 잠자리로 쓰는 짚이나 골풀 더미에 가족과 함께 누워 잤다.

작은 오두막집에서 다닥다닥 붙어서 잠을 자는 사이, 이는 이 사람 저 사람에게 옮겨 다녔다. 이에 물리면, 감염된 미생물이 물린 사람의 피를 타고 몸속을 돌아다닌다. 몸에 붙은 이를 찰싹 때리면, 이가 터지면서 튀어 나간 미생물이 살갗 곳곳에 묻게 된다. 그럴 경우 감염된 미생물이 여러 군데서 한꺼번에 핏속으로 들어가는 만큼 감염력이 훨씬 커진다. 또 눈이나 호흡기를 통해 들어가기도 한다.

그처럼 이가 사람한테 붙어 이 집 저 집 옮겨 다니면서 전염병이 확산되었다. 사람들이 무료 급식소 앞에 줄지어 서 있을 때나 공공 근로 사업장에 모여 있을 때, 이는 이 사람에게서 저 사람에게로 건너뛰어 옮아갔다. 발진티푸스 감염자 한 사람이 단 하루에 100명을 감염시킬 수도 있다. 감염되면 몇 시간 만에 발진티푸스 초기 증상이 나타났다.

발진티푸스, 일명 '검은 열병'black fever은 치사율이 매우 높았다. 토머스 오플린은 이렇게 말했다. "굶주림보다 더 무시무시한 게 검은 열병이었습니다. 죽은 채로 들판이나 길섶에서 발견된 사람은, 일가친척조차 모른다고 딱 잡아뗐지요."

발진티푸스에 걸리면 피부와 뇌 속에 있는 작은 혈관이 부풀어 오르면서 혈액 순환 통로가 막혔다. 혈관이 부풀대로 부풀어서 끝내 터지면 살갗이 검게 변했다. 메리 누전트는 이렇게 말했다. "검은 열병은 맨 먼저 엄지와 검지 발가락 사이를 덮쳤어요. 두 발가락 사이를 검게 바꾸어 놓고 위로 차츰차츰 올라가 발, 다리, 몸통까지 까맣게 만들었죠. 마치 불에 탄 것처럼 새까만 숯덩이로 만들어 놓고는 두 발로 일어서려는 순간에 쓰러뜨리고 마는 겁니다."

발진티푸스가 심해지면, 고열에 시달리다 환각에 빠져서 헛소리를 하기도 했다. 정신 착란을 일으켜 몸을 식힌다고 강물에 뛰어드는 사람도 생겼다. 병이 더 깊어지면 구토, 발진, 괴저 등의 증상이 나타나고 몸에서 참기 어려울 만큼 지독한 악취가 났다. 치료제는 없었다. 감염자는 발병한 지 채 2주도 안 되어 심장마비로 사망했다.

재귀열은 발진티푸스만큼 치사율이 높지는 않았다. 그러나 체온이 급격히 올라가고 구토를 일으키는 건 마찬가지였다. 고열과 구토 증상이 며칠 계속되다가 식은땀을 흘리고 탈진 상태에 빠졌다. 일주일쯤 지나면 다시 고열과 구토 증세가 나타났다. 서너 차례 되풀이되는 그 과정을 이겨 내야 겨우 고비를 넘겼다.

이질과 콜레라는 고통스러운 질병으로 파리 같은 날벌레나 오염된 물에 접촉했을 때 감염된다. 이질에 걸린 사람은 구토, 오한, 발열에 시달리고 피가 섞인 설사를 했다. 콜레라는 이질보다는 덜하지만 심한 설사와 그에 따른 극심한 탈수 증세를 일으켰다. 이질과 콜레라는 어른보다 어린이 사망률이 높았다.

전염병 말고도 영양실조와 비타민 결핍에 따른 질병도 만연했다. 괴혈병에 걸리면 이가 빠지고 관절이 부었다. 굶주림에 따른 부종으로 복부가 보통 때보다 두세 배로 부풀어 오르는 반면 팔다리는 점점 쇠약해져 꼬챙이처럼 가늘어졌다.

어린이가 가장 많이 시달린 것은 영양실조였다. 수많은 아이가 영양실조에 걸려 마치 작은 늙은이처럼 피부는 쭈글쭈글하고 허리까지 굽었다. 뼈와 근육이 몹시 허약해져 걷지도 못하고 말도 제대로 못 했다. 머리카락이 빠지고 얼굴에 마른버짐이 피었다. 시드니 고돌핀 오스본 신부는 구빈원을 방문해 아동 숙소 몇 곳을 시찰하고 나서 경악을 금치 못했다. 굶주린 아이들이 울음은커녕 낑낑대는 소리조차 내지 못했고 심지어 죽어 가면서까지 신음조차 흘리지 못했다.

코크 주 스컬에 있는 어느 오두막집의 내부 풍경으로 제임스 마니가 발목까지 빠지는 흙 바닥에 서서 그렸다고 한다. 멀린스라는 남자는 열병에 걸려 짚더미에 누운 채 죽어 가고 한쪽에서는 그의 세 자식이 토탄 모닥불 가에 웅크리고 앉아 있다. 의자에 앉아 있는 사람 은 멀린스를 돌본 보좌 신부인 듯하다.

－『일러스트레이티드 런던 뉴스』. 1847. 2. 20.

열병 환자가 생긴 집

아일랜드 대기근 당시 의료진은 널리 퍼진 전염병들의 치료법을 제대로 몰랐다. 굶주림과 질병으로 이미 쇠약할 대로 쇠약해진 환자에게 수은이나 부항단지를 이용하는 등, 몇몇 치료법은 오히려 더 해로웠다. 치료 방법이 없었으므로, 예방이 최선책이었다.

열병이 확산되자, 신문들은 감염되지 않도록 주의하라는 예방 조치를 보도했다. 집을 청결히 하고, 벽에 석회를 바르고, 문가에 쌓아 둔 거름을 멀리 치우게끔 널리 알렸다. 또 몸을 잘 씻고, 깨끗하고 따뜻하고 편안한 옷을 입고, 영양가 높고 건강에 좋은 음식을 적당량 섭취할 것을 권장했다.

신문에서 보도한 위생 관리법은 가난한 아일랜드인에게는 그림의 떡이었다. 이미 옷가지며 침구를 다 팔아 치워서 걸칠 것이라고는 몇 날 며칠 똑같은 누더기뿐이었다. 굶주림과 탈진으로 쇠약해져서 거름을 치우기는커녕 물을 길어 올 힘조차 없었다.

질병이 전염성이 강하다는 사실을 알게 되면서부터 아일랜드인은 낯선 사람을 꺼렸다. 몇백 년 동안 이어져 내려온, 손님을 따뜻이 맞아 주던 전통은 사라졌다. 코크 주에서 교사로 일하던 셰인 매카시는 이렇게 말했다. "오두막집 문을 굳게 잠근 것은 그때가 처음이었어요. 낯선 사람이나 병에 걸린 사람이 들어올세라 문 안쪽에 사브sabh(긴 작대기)로 빗장을 걸어 놓았지요."

일부 지역에서는 열병을 탐지하려고 민간요법을 쓰기도 했다.

몇몇 감염자는 다른 식구에게 전염되지 않도록 반토굴집에서 따로 살다가 홀로 죽어 갔다.
친척과 이웃은 감염자가 따로 사는 곳 문밖에다 음식을 놔두었다.

-『일러스트레이티드 런던 뉴스』, 1850. 1. 5.

웩스퍼드 주에 살았던 리처드 딜레이니의 말이다. "한동네에서 누구네 집에 열병 걸린 사람이 있다는 의심이 들면, 이웃 주민이 밤에 몰래 그 집 창문턱에 양파를 올려놓았죠. 그 양파를 나중에 반으로 잘라 보았을 때 초록색을 띠면 그 집에 열병 환자가 있는 게 틀림없다고 단정하는 식이었어요." 양파를 이용한 방법은 신빙성 여부를 떠나, 일단 열병 환자가 있다고 의심되는 집을 멀리하도록 일깨우기에는 충분했다.

몇몇 감염자는 식구들까지 전염될세라 홀로 반토굴집에 살거나 헛간이나 창고에서 따로 지냈다. 그런 사람에게는 친척이나 이웃이 그릇에 우유와 죽을 담아 문밖에 갖다 놓거나 삽에다 음식을 올려놓고 창문으로 건네주기도 했다. 네드 버클리는 이렇게 말했다. "감염자가 사용한 그릇을 만지기만 해도 병에 옮는다고 생각했거든요."

의사와 신부와 목사 가운데도 목숨을 아끼지 않고 병들어 죽어가는 주민을 돌보는 이들이 있었다. 슬라이고에 사는 한 의사는 날마다 환자들을 찾아다녔다. 어느 날 왕진을 떠날 시간이 되어도 의사가 나타나지 않자, 간호사가 찾아가 보니 바닥에 쓰러진 채 죽어 있더란다. 간호사의 말은 이랬다. "옷을 다 차려입고 발끝을 문 쪽에 둔 채 쓰러져 있었어요. 진료를 하러 나설 채비를 다 한 채로요."

사망자는 대부분 도시와 읍내에서 다닥다닥 붙어 살던 빈민가 사람들이었다. 가게 주인이나 도시민은 아침에 일어나 밖에 나갔다가 자기 집 문에 기댄 채 죽어 있는 사람을 보고 혼비백산했다. 밤사이에 거기서 죽어 갔던 것이다.

일부 지역에서는 사망자를 묻어 줄 사람을 찾기도 점점 어려워졌다. 어떤 진료소장은 지역 자원봉사자들을 안심시키느라, 옷을 다 벗은 채로 시신을 처리한 다음 몸을 깨끗이 씻으면 절대 병에 걸리지 않을 것이라고 장담했다. 그런 방법이 실제로 효과가 있다고는 믿기 어렵다. 왜냐하면 죽은 사람의 몸에 붙어 있던 이가 옮아가는 것은 맨 처음 나타난 따뜻한 몸이기 때문이다. 그러나 자원봉사자들은 그 말을 곧이곧대로 믿었다. 어느 목격자는 이렇게 말했다. "그 사람들은 완전히 벌거벗고, 시신을 관에 넣어 문밖에 내놓았어요. 그다음 날 평상시대로 마을 공동묘지에 묻었지요."

초상집에서 밤을 지새우는 경야 같은 장례 풍습도 사라졌다. 발진티푸스가 옮을지 모른다는 두려움에 사로잡혀 모두 초상집에 발길을 끊었다. 아일랜드인은 가난하게 사는 것은 조금도 부끄러워하지 않았다. 그러나 관도 없이 맨몸으로 묻히는 것은 치욕으로 여겼고, 그것이야말로 궁상의 극치라고 믿었다. 구빈원에서 주는 관이라는 것도, 낡은 널빤지에 나무통이나 중고 서랍이나 가구에서 뜯어낸 통판을 못질해서 만든 것이었다. 그 관에다 짚으로 둘둘 말 시신을 넣었다. 유가족이 혼자일 때는 공동묘지까지 시신을 등에 짊어지고 갔다. 어느 엄마는 죽은 젖먹이 아들을 요람에 눕히고 끈으로 묶어 8킬로미터가 넘는 묘지까지 끌고 갔다.

인간 자루꾼

질병 사망자가 급증하자, 영국 정부는 그제야 질병이 전염병이라는 주장을 받아들였다. 정부 당국자는 구빈원에서 감당하기에는 환자가 너무 많다는 현실도 인정했다. 그리하여 1847년 4월에 아일랜드 열병 관리법Irish Fever Act을 제정했다.

이 법에 따라 영국 정부에서 의료비를 지원했는데, 이것 역시 나중에 갚아야 하는 유상 원조였다. 또 이 법은 구빈원 옆에 추가로 전염병 진료소나 막사를 짓고, 건물은 하얀 회벽을 칠해 위생 관리를 철저히 하고, 환자가 발생한 집은 황산으로 훈증 소독하고, 구입할 여유가 없는 사람들에게 관을 제공하도록 규정해 놓았다.

사람들은 구빈원에서 관을 얻을 수 있는 일이라면 수단과 방법을 가리지 않았다. 구빈원의 관은 품질이 형편없었지만, 그나마 관도 없이 시신을 묻는 것보다는 덜 수치스러운 일이라고 여겼다. 열네 살 된 톰은 엄마 브리짓 퀸이 죽자 5킬로미터나 걸어가 에니스 구빈원 담당관에게 엄마의 사망을 알리고 빨리 관을 달라고 졸랐다.

톰은 병에 걸린 누나 메리와 남동생 제임스가 기다리는 집으로 돌아왔다. 톰이 오기를 기다리며 엄마의 시신을 오두막집 안에 둔 것은 아마도 들개로부터 안전하게 지키기 위해서였을 것이다. 사흘 뒤에는 더 큰 비극이 생겼다. 병세가 악화된 메리가 끝내 죽고 만 것이다. 톰은 이렇게 말했다. "양초 한 자루 살 돈도 없어서 쥐들이 다가들지 못하도록 밤새 지켰어요."

톰의 어머니가 사망한 지 8일 뒤에야 구빈원 담당자가 찾아왔다. 오두막집에서 깡마른 거지꼴로 나온 두 소년을 본 어느 목격자는 이렇게 말했다. "그 아이들은 이루 말할 수 없이 끔찍한 몰골이었습니다." 톰 퀸과 열두 살 된 동생 제임스는 에니스 구빈원으로 들어갔다.

그 비극이 지역 신문에 보도되면서 갖가지 조사가 잇따랐다. 검시 배심원은 해당 구제 담당관에게 직무 태만의 책임이 있다고 평결했지만, 에니스 구빈원 관리 위원회는 어떤 죄도 묻지 않고 용서해 주었다.

메요 주에 살았던 토머스 오플린은 환자를 구빈원으로 옮기는 일을 맡았던 남자를 떠올리며 이렇게 말했다. "그 남자가 가진 건 말 수레 한 대뿐이었어요……. 그리고 머릿수로 따져 꽤 높은 값을 받았지요. 환자를 자루에 넣어서 옮겼는데, 다리에서부터 자루를 씌워 올려 목에서 단단히 묶고는 꼬리표를 달았죠. 일고여덟쯤 되는 환자를 줄줄이 수레에 눕혀 놓고 덜커덩덜커덩 구빈원으로 출발했습니다. 그렇게 실려 간 뒤 살아 돌아온 사람은 거의 없었죠……. 계약직으로 일한 그 남자는 환자를 자루에 넣었다 해서 '인간 자루꾼'이라는 별명을 얻었습니다."

죽어서라도 사람답게 묻히기를 간절히 바라는 마음으로 구빈원에 들어간 사람들도 있었다. 그러나 실상을 알고 나서 많은 사람이 절망했다. 장례식을 치르기는커녕 신부의 임종 기도조차 없이 커다란 구덩이에 묻어 버렸기 때문이다. 조니 캘러핸은 이렇게 말했다.

"구빈원 숙소에 있던 사람이 죽음을 앞두면 박공지붕 끝에 있는 커다란 방으로 옮겼습니다……. 그 방 창문에는 아래로 기울어지는 널빤지 몇 개가 달려 있고 밑에는 커다란 무덤을 파 놓았어요. 구덩이였죠. 시신이 널빤지에서 미끄러져 구덩이로 떨어지고 나면 석회로 덮었습니다." 어떤 무덤구덩이에는 자그마치 900구가 넘는 시신이 묻히기도 했다.

몇몇 열병 병원과 구빈원에서는 일꾼들이 '무제한 사용 관'에 시신을 싣고 묘지로 옮겼다. 밑바닥에 돌쩌귀를 달아 특수 제작한 관으로, 고리를 잡아당기면 밑바닥이 문처럼 열리면서 시신이 무덤으로 떨어졌다. 그런 식으로 관 하나를 몇 번이고 써먹었다.

죽은 사람은 사망 여부도 확인하지 않고 곧바로 묻었다. 그러다 보니 살아 있는 사람까지 매장했다는 무시무시한 소문이 떠돌았다. 실제로 코크 주에 살았던 마거릿 도노번이 전한 말은 이랬다. "톰 개린스는 대기근 때 소년이었는데, 다른 시신과 함께 실려 가서 스키베린 뒷골목에 있는 기아 사망자 무덤구덩이에 떨어졌어요. 목숨이 붙어 있던 소년은 안간힘을 다해 손을 들어 올렸죠." 톰은 가까스로 목숨을 건졌지만, 무덤구덩이에 떨어질 때 두 다리가 부러졌다. 그 뒤로 소년은 '죽은 자 가운데서 일어난' 톰으로 통했다.

칼로에는 악질 장의사에 관한 소문이 파다했다. 제임스 도일의 말이다. "그 작자는 숨이 완전히 끊어지지도 않은 사람들까지 모았어요. 한 남자는 밑바닥에 돌쩌귀를 단 관에 실려 매장지로 가는 도중에 잠에서 깼대요. 그래서 어디로 가느냐고 소리쳐 물었더니 장의사

스키베린에 있는 한 오두막집에서 시신을 수레에 싣고 있다.

-더퍼린 경과 G. F. 보일 의원, 『옥스퍼드에서 스키베린까지 여행한 이야기』(Narrative of a Journey from Oxford to Skibbereen), 아일랜드 국립도서관 제공, R. 27063

말이 '자넬 묻으러 가는 길이네.' 하더래요. '죽지도 않은 나를 어찌 묻겠다는 거요?'라고 다시 물었더니, 장의사가 태연하게 '아, 떨어지 면 어떻게든 죽게 될 거요.' 했답니다."

7장

참혹하게 허물리는 집들

집도 절도 없는 천더기, 몸 누이고 죽 한술 뜰 데 없다오,
의지가지없는 이내 신세, 안식처는 다만 주님뿐.
―새뮤얼 퍼거슨, 이야기시 「윌리 길리언드」 중에서(1850년 무렵)

춥고 을씨년스러운 11월 어느 날, 우락부락한 남자 한 무리가 말을 타고 작은 오두막집이 옹기종기 모여 있는 곳으로 몰려갔다. 클레어주에 있는 바닷가 마을 킬러시에서 그다지 멀지 않은 촌락이었다. 그곳 한 오두막집에는 브리짓 오도넬이라는 서른 살 된 여자가 짚자리에 누워 있었다. 넷째를 임신한 지 7개월째인데 열병에 걸렸다.

브리짓은 밖에서 들려오는 말소리를 듣자마자 대번에 그 남자들이 온 이유를 알아차렸다. 문을 쾅쾅 두드리면서 오두막집을 넘기라고 소리치기 전부터 각오했다. 브리짓의 말은 이랬다. "댄 시디와 대여섯 명이 우리 집을 허물어뜨리려고 온 겁니다. 나더러 점유권을 포

146

브리짓 오도넬이 살아남은 두 아이를 데리고 서 있다.

-『일러스트레이티드 런던 뉴스』, 1849. 12. 22.

지붕이 뜯겨 나간 이 오두막집에서 살던 가족은 쫓겨났다.

-『일러스트레이티드 런던 뉴스』, 1850. 1. 5.

기하라는 거였어요."

브리짓은 짚자리에서 일어나지 않겠다면서 꿋꿋이 버티며 말했다. "나는 열병도 걸렸고 몸을 풀 날이 두 달도 안 남았어요."

브리짓 오도넬이 임신을 했든 병에 걸렸든 상관없었다. 그들한테는 따라야 할 명령만 있을 뿐이었다. 브리짓이 못 나간다고 그악스럽게 버티자, 그들은 오두막집 문을 부쉈다. 한 남자가 위로 올라가 지붕을 덮은 이엉을 뜯어내고 대들보에 밧줄을 묶었다. 아래 있던 남자가 그 밧줄을 잡아당기자 오두막집 벽이 무너졌다. 브리짓은 말했다. "그들이 우리 집을 반쯤 허물어뜨렸을 때 이웃집 여자들이 나를 밖으로 데리고 나왔어요."

산모와 태아에게 최악의 사태가 벌어질까 걱정스러운 마음에 이웃 주민이 브리짓을 일단 옆집에 데려다 눕히고 임종 미사를 이끌 신부를 부르러 사람을 보냈다. 집에서 강제로 쫓겨난 지 8일 뒤 브리짓은 예정일보다 7주나 빨리 출산했다. 사산이었다. 며칠 뒤에는 13세 된 아들마저 열병으로 죽었다. 브리짓은 남은 두 딸과 함께 킬러시 구빈원에 들어가게 되었다.

잔혹하고 무자비한 일이 일상사처럼

소작료를 낼 형편이 못 되는 소농과 농업 노동자가 갈수록 늘어났다. 지주층은 지주층대로 소득은 급격하게 줄어드는 반면 지출액은 무섭게 치솟았다. 구빈원과 공공사업을 유지하는 데 필요한 자금을 대느라 허리가 휠 지경이었다. 지주의 부담이 가장 큰 곳은 당연히 식량난이 가장 심각한 구빈 조합이었다. 식량난이 심한 지역일수록 구호 대상자가 많았기 때문이다.

수많은 지주가 이미 큰 빚을 지고 있었던 터라, 높은 지방세를 감당하기 버거웠다. 자연스레 토지를 잃을지 모른다는 두려움이 날로 커졌다. 영국 정부는 무슨 수를 써서라도 지방세를 거둬야 한다고 닦달했다. 필요하면 무력을 쓰라고 했다. 한 영국 지도자는 서슴지 않고 이런 주문까지 했다. "체포, 구금 등 모든 수단을 동원하시오. 기마병, 보병, 용기병을 보내면 온 세상이 그대를 박수갈채로 환영할 것이오."

1847년 6월, 불만에 찬 골웨이 주의 지주 윌리엄 그레고리*는 지방세 납부자의 재산을 지킬 법률 개정안을 발의했다. 이른바 4분의 1에이커 또는 그레고리 조항Quarter Acre or Gregory Clause이었다. 이 개정안에 따르면 4분의 1에이커** 이상의 땅을 빌려 농사짓는 소작농 및 그 가족은 정부 구제에서 제외되었다. 이 같은 규정에 해당하는 소작농이 구빈원에 들어가거나 열병 병원에 입원하려면 오두막집과 소작땅에 대한 권리를 포기해야 했다. 반면 지주들은 개정안에 따라 4분의 1에이커 미만의 땅을 소작하는 사람을 퇴거시킬 수 있는 권한

---

*　보수당 하원 의원으로, 로버트 필 경과 가까운 사이였고 아일랜드 가톨릭교도를 우호적으로 대했던 인물이다.
**　4분의 1에이커는 약 1,000제곱미터, 약 300평.

을 얻었다.

수많은 지주가 소작료를 내지 못하는 거주민을 자기 사유지에서 쫓아내는 데 열을 올렸다. 지주 쪽에서 보면, 소작농이 적으면 적을수록 내야 할 세금이 그만큼 줄었다. 그뿐 아니라 토지를 방목장으로 개조해서 낙농과 축산농을 하기에도 좋았다. 땅을 소작농에게 빌려주는 것보다 수익성은 더 높아지고 문젯거리는 줄어드는 일거양득의 기회였던 것이다. 숀 오던리비는 이렇게 말했다. "사람이 살든 말든 효용 가치가 없어진 집들을 마구 부숴 버린 겁니다. 울타리까지 걷어치워서 50~70에이커나 되는, 그 넓고 버젓한 밭들이 원래대로 돌아간 셈이죠. 소작농 집들은 부숴 놓고는, 거기서 나온 돌들을 가져다 건물 짓는 데 쓰더군요." 미사를 주도하는 신부마다 소작농을 길바닥으로 내쫓은 지주를 향해 부끄러운 줄 알라며 비난을 쏟아 냈다. 또 신문사에 지주의 행태를 폭로하는 편지도 보냈다.

모든 지주가 다 무자비한 것은 아니었다. 소작료를 깎아 주거나 아예 소작료 받기를 포기한 지주도 없지는 않았다. 셰이머스 리어던이 전한 말은 이랬다. "지금은 돌아가셨지만, 우리 할아버지가 살아 계실 때 소작료를 내러 지주를 찾아갔답니다. 그런데 지주가 '식구들 먼저 먹이게. 시절이 좀 나아지면 그때 형편껏 내게.' 이렇게 말했답니다."

그러나 수많은 지주는 제 잇속을 차리는 일이 곧 소작농을 내쫓아야 한다는 것을 뜻할지라도, 자기네도 영리를 추구할 권리가 있다고 느꼈다. 그도 그럴 것이 지주도 쫓겨나거나 쫓아내거나 둘 중 하

크리스마스를 며칠 앞둔 날, 클레어 주에 있는 모빈 마을 주민은 거의 대부분 집에서 내쫓겼다.

-『일러스트레이티드 런던 뉴스』, 1849. 12. 22.

나를 택해야 하는 진퇴양난에 빠져 있었다. 사유지를 지키려면 어떻게든 소작농들을 내쫓고 수익성이 높은 벌이를 찾을 수밖에 없었다. 자기 땅을 지키기로 작심한 지주는 세금 징수관을 대기시키고 퇴거 대상자 서류를 작성했다. 네드 버클리는 이렇게 말했다. "잔혹하고 무자비하기 짝이 없는 일이었어요. 그 끔찍한 일이 그 시절에는 흔한 일이 돼 버렸죠."

강제 퇴거와 철거

강제 퇴거를 집행하는 날, 세금 징수관은 부하들에게 쇠지레를 들려 오두막집으로 출동했다. 대개 총검과 머스킷 총으로 무장한 영국군 병사들을 거느리고 갔다. 숀 크롤리는 자기 할아버지네 가족이 강제 퇴거를 당한 이야기를 들려주었다. "어느 봄날 아침 타운랜드*에 붉은 군복을 입은 영국 군인들이 쫙 깔려 있었대요. 그날 저녁 해가 지기 전에 그 타운랜드의 소작농은 모조리 집을 잃었죠."

　세금 징수관은 오두막집 문밖에 서서 해당 소작농의 이름을 부른 뒤 통보했다. 이런 식이었다. "브리짓 오도넬, 이로써 나는 그대의 집을 포기할 것을 명령하는 바이다." 만일 소작농이 거부하면, 문을 부수고 온 가족을 질질 끌어냈다. 아무리 딱한 사정이 있어도 봐주는

---

* 　아일랜드의 가장 작은 행정 구역 단위.

강제 퇴거를 집행하던 날, 어느 가족이 세금 징수관에게 애원하고 있다. 하지만 세금 징수
관에게는 따라야 할 명령만 있었을 뿐이다. 무력이 필요할 경우를 대비해 군인들이 대기
하고 있다.

－『일러스트레이티드 런던 뉴스』, 1848. 12. 16.

법이 없었다.

중요한 것은 오직 지주의 명령뿐이었다. 브리짓처럼 병들어 누워 있던 어떤 남자도 집에서 내쫓겼다. 한 이웃 사람은 이렇게 말했다. "그 사람을 끌어내서 헛간 아래에 눕히고 토탄으로 덮어 놓고는 집을 허물었어요." 어떤 마을에서는 자기 친형제 일가족이 안에 있는데도 오두막집 지붕을 직접 뜯어내는 철거 집행관도 있었다.

오두막집을 허물어뜨리는 것도 모자라 초가지붕에 불을 놓기까지 했다. 어떤 타운랜드의 지주는 누구든 무너진 오두막집에 불을 놓는 사람에게 돈을 주겠다고 제안했다. 그 제안을 한 지주마저 깜짝 놀란 사건이 발생했다. 허물린 바로 그 집에 살던 소작농 디버가 대뜸 나섰던 것이다. 도무지 믿기 어려운 그 광경을 지켜본 한 목격자의 말이다. "디버가 부엌으로 들어가더니 화로에서 타다 남은 깜부기불을 삽으로 퍼 왔어요. 그러고는 지붕으로 올라가 이엉 속에 깜부기불을 쑤셔 넣었죠. 눈 깜짝할 사이에 불이 활활 타올랐고 집은 순식간에 홀라당 타 버렸어요." 제 손으로 자기 집을 태운 그 남자는 지주에게 돈을 받아서 주머니에 넣은 다음, 이웃들에게 고개만 까딱 숙여 인사하고는 떠나 버렸다고 한다.

경찰 기록으로 보건대 그레고리 조항이 가결된 뒤로 강제 퇴거 집행이 무섭게 증가했다. 강제 퇴거 규모가 가장 큰 지역은 킬러시 구빈 조합이었다. 브리짓 오도넬이 살던 마을 주민을 포함하여, 6년 동안 25만 명이 집을 잃었다. 정확한 수치는 알 길이 없다. 순순히 집을 포기한 소작농도 많았고 불법 강제 퇴거를 당한 사람도 있었다.

오두막집을 순순히 넘겨주면 지역 구빈원에 들어가게 해 주겠다고 구슬리는 말에 속아 넘어간 주민도 더러 있었다. 그러나 이미 초만원 상태에 이른 구빈원에서는 그들을 받아 주지 않았다. 그렇게 집을 잃은 가족은 끝내 어디에도 갈 곳이 없어 임자 없는 반토굴집에 서 지냈다. -『일러스트레이티드 런던 뉴스』, 1848. 12. 16.

한 여자가 다 허물린 자기 집 앞에서 팔을 휘저으며 원통해하고 있다. 철거를 당한 뒤 자기 집 화로에 있던 재를 근처 강에 뿌리며 지주와 마름들에게 저주를 퍼붓는 여자들도 있었다. –『일러스트레이티드 런던 뉴스』, 1849. 12. 22.

메요 주에서도 강제 퇴거가 숱하게 집행되었다. 크리스마스 열흘 전에, 메요 주 치안판사는 부대의 지원을 받아 마을 세 곳의 주민을 몽땅 내쫓았다. 소작농들은 빗속에 서서 군인들이 오두막집 지붕을 뜯어내고 벽을 부수는 것을 지켜보며 어찌 할 바를 몰랐다. 어느 할머니는 이렇게 말했다. "바람이 거세고 폭우가 쏟아지던 밤이었다오. 그래도 울부짖는 소리가 아주 멀리까지 들렸을 게요." 집에서 내쫓긴 사람들은 나뭇가지와 짚으로 임시 거처를 만들었다. 거기에서마저도 쫓아내라는 명령이 군인들에게 떨어졌다.

짐 킬리언은 소작료를 다 냈는데도 집에서 쫓겨났다. 할 수 없이 나무 몇 그루를 베어 텃밭 자리에 반토굴집을 지었다. 그러나 반토굴집을 발견한 경찰에게 체포되어 징역 2개월을 선고받았다. 죄목은 지주네 나무를 함부로 베어 냈다는 것이었다.

몇몇 마름은 철거민을 받아 주지 말라며 소작농에게 으름장을 놓기도 했다. 베스 라이스는 악질로 소문난 여자 마름이었다. 9개월 된 딸을 키우며 살던 숀 코너스는 베스 라이스에게 내쫓겼다. 그런데도 감히 누구 하나 도와줄 엄두를 내지 못했다. 숀은 처마처럼 툭 튀어나온 널찍한 바위를 발견했다. 한동안 비바람이 들이치지 못하게 앞쪽을 양털 담은 자루로 막고 그 너럭바위 밑에서 지냈다. 끝내 숀은 어린 딸을 데리고 다른 타운랜드로 떠나 살 곳을 마련했다. 전해 내려오는 이야기에 따르면, 베스 라이스가 죽은 후 코너스 집안의 후손이 그 여자 무덤을 찾아가 혼파이프를 불며 춤을 추었다고 한다.

아서 케네디 대위는 킬러시 구빈 조합의 감찰관이었다. 자신이 목격한 강제 퇴거 광경을 몇 해가 지나도록 잊지 못하고 괴로워했다. 그는 그때 심경을 이렇게 털어놓았다. "솔직한 심정을 말하자면, 서부 지방에서 강행한 몇몇 퇴거 현장에서 돌아온 날에는 미쳐 버릴 지경이었습니다. 그날 보았던 굶주리고 비참한 사람들 모습이 자꾸 눈앞에 어른거려서, 총을 들고 문 뒤에 숨어 있다가 처음으로 만나는 지주를 쏘아 죽이고 싶은 심정이었어요."

기만적인 이주 사업

지주 몇몇이 뭉쳐 한 가지 일을 꾸몄다. 이름 하여 '지주 후원 이주' 사업이었다. 이 계획에 가담한 지주는 집에서 내쫓은 자기 소작농에게 미국이나 캐나다로 가는 뱃삯을 대 주었다. 아예 철거민을 운송할 배를 전세 낸 지주까지 생겼다. 외국 이주비가 구빈원 1년치 비용보다 적게 든다는 계산속으로 한 일이었다. 지주가 이주비를 대 주는 사업은 구빈원의 과밀화, 사유지의 인구 과잉, 높은 지방세 문제를 한꺼번에 해결할 수 있는 값싼 해결책이었다.

처음에는 지주들의 관대함을 칭송하는 소리가 드높았다. 어쨌거나 소작농을 낯선 나라로 보낼 뱃삯을 내 줄 법적 의무가 지주에게 없었기 때문이다. 외국에 나가면 고국에서보다는 잘살게 될 줄로 믿은 소작농이 많았다. 그런데 차츰 지주가 지원하는 이주 사업에 대한 여론이 바뀌었다. 강제로 떠날 수밖에 없는 처지로 내몰렸다는 사실을 소작농들이 깨달았던 것이다. 퇴거 집행인과 군인들에게 에워싸인 상황에서 소작농이 달리 선택할 길은 없었다. 빈털터리 처지로 가족을 먹여 살리려고 발버둥질하던 소작농으로서는 어떤 제안도 거부할 수 없는 궁지로 몰린 셈이었다. 찰스 클라크는 이렇게 설명했다. "소작농은 소작료를 내지 못하면 떠나지 않고는 배길 수 없었죠. 그러니 떠날 수밖에요."

소작농은 대부분 순순히 집을 넘겨주었지만, 더러 지주에게 앙갚음을 하기도 했다. 1847년 늦봄에 데니스 마온 소령은 로스코먼주 스트로크스타운에 있는 사유지에서 노동자 800여 명을 강제로 내몰았다. 그리고는 캐나다행 무료 배표를 나눠 주었다. 모두 순순히 배표를 받았다. 데니스는 배 두 척을 전세로 빌렸고 항해 도중 먹을 식량까지 제공했다.

지금도 어떤 이들은 데니스 마온이 아량을 베풀었다고 여긴다. 반면에 어떤 이들은 마온이 가장 값싸고, 그만큼 항해용으로는 몹시 부적절한 선박을 골랐다고 주장한다. 항해 도중 이른바 바다 '선박열'ship fever로 통하는, 발진티푸스와 재귀열이 발생해서 무수한 승객이 목숨을 잃었다. 이때 죽은 사람은 어림잡아 마온의 땅에서 농사짓던 사람들 가운데 25퍼센트였다. 그 배가 마침내 캐나다 퀘벡에 닿을 때까지 살아남은 사람도 쇠약하고 병에 걸린 상태였다.

배 두 척을 떠나보낸 뒤에도 마온은 강제 퇴거의 끈을 늦추지 않았다. 3,000명 남짓한 소작농에게 퇴거 계고장을 보냈다. 남편을 잃고 홀로 자식들을 키우는 과붓집 84명도 포함되어 있었다. 마온은 또

다시 캐나다행 배표를 나눠 주었는데, 이번에는 소작농들이 거부했다. 어떤 남자가 한 말은 이렇다. "그들은 소작료도 낼 수 없고 떠나지도 않겠다고 버텼어요." 뜻을 이루지 못한 마온은 소작농을 '망나니'라고 욕해 대며 이렇게 말했단다. "네놈들을 기필코 쫓아내야 내 분이 풀릴 것이야."

그해 여름 내내 소작농들 사이에서 마온을 두고 '폭군'이라며 쑥덕거리는 소리가 끊이지 않았다. 11월 어느 밤이었다. 마온은 모임을 마치고 무개 마차*를 타고 집으로 돌아가는 길에 매복해 있던 두 남자가 쏜 총에 가슴을 맞았다. 마온이 죽었다는 소식이 삽시간에 쫙 퍼졌다. 이튿날 밤 반경 몇 킬로미터 안 언덕바지 곳곳에서는 경축 횃불이 타올랐다.

불의의 습격을 당한 지주는 데니스 마온 혼자만이 아니었다. 그해 가을부터 겨울까지 지주 일곱 명과 지주의 손발 노릇을 하던 마름 열 명이 매복한 사람들에게 총격을 당했다. 그중에서 목숨을 건진 건 단 한 사람뿐이었다. 티퍼레리 주에서 도매업을 하던 한 상인은 이렇게 회상했다. "소작농이 돈 때문에 사람을 습격할 줄이야 누가 상상이나 했겠어요? 하지만 밭을 함부로 짓밟고 강제로 쫓아내는데 포악해지지 않을 사람이 어디 있겠어요."

영국 정부 지도자들은 저격범이 소작농 반란 조직에 가담한 자들이 틀림없다고 판단했다. 영국 의회는 소요 사태의 확산을 막겠다

---

* 지붕이 없는 마차.

는 취지로 1847년 12월에 범죄 및 폭동 처벌법Crime and Outrage Bill을 가결했다. 이 법률로써 경찰의 방호 권한이 강화되었고, 아일랜드인은 권리가 제한되고 총기 소지를 금지당했다. 또 영국 정부는 무력을 과시하기라도 하듯, 영국군 1만 5,000명을 아일랜드에 파병했다.

영국 정부 당국의 우려와는 달리 아일랜드 농업 노동자는 무장 단체를 만들지 않았다. 사실 노동자 대다수는 총을 구입하려고 해도 돈이 없었다. 굶주림과 질병으로 죽어 가고 있었고, 오두막집은 허물렸고, 구빈원에서 쫓겨나는 처지였다. 천만다행으로 돈이 있는 노동자라면 누구든 식량을 사는 데 썼다. 그도 아니면 아예 아일랜드를 떠날 뱃삯으로 썼다.

⊙◈ 8장

머나먼 이주길

길이 솟아나 그대를 맞아 주기를

가는 내내 순풍만 불기를

그대 얼굴에 햇볕이 따사롭게 내려앉기를

그대 밭에 비가 보슬보슬 내리기를

우리 다시 만날 때까지

하느님이 두 손 맞붙여 그대를 폭 감싸 주시기를

—아일랜드 전통 축원문

아일랜드인이 미국이나 캐나다로 이주하기 시작한 것은 감자 역병이 덮치기 오래전부터였다. 그러나 대기근 때만큼 대규모로 이주한 적은 일찍이 없었다. 조지프 도어티는 이렇게 말했다. "그때 '머나먼 이주길'이 시작되었습니다. 그것도 무더기로 떠났습니다." 대기근 시기와 그 직후에 고국을 등진 아일랜드인은 200만 명에 가까웠다.

어떤 이주민은 몇 해 동안 누더기를 걸치고 허리띠를 졸라매며 돈을 모아 뱃표를 샀다. 지주, 영국 정부, 자선단체에서 이주 지원금을 받는 사람도 있었다. 대다수는 이미 미국으로 건너간 가족의 도움을 받았다. 2파운드짜리부터 10파운드짜리까지 소액 환어음으로 총 100만 파운드[약 1,500억 원]에 가까운 기부금을 해마다 미국에서 보내왔다.

아메리칸 경야

중개 업체는 이주 알선이 수지맞는 장사라는 걸 일찌감치 알아챘다. 1847년까지 영국 리버풀에 있는 중개업체는 아일랜드 방방곡곡에 거의 빠짐없이 알선 업소를 차렸다. 나무며 가게며 사람이 많이 오가는 곳마다 전단과 광고지가 나붙었다. 전단에는 미국에 가면 남자도 여자도 얼마든지 일자리를 얻을 수 있고 임금도 높다는 내용이 적혀 있었다. 광고지마다 편안한 여행, 좋은 서비스, 경제적인 요금을 보장한다고 했다. 이용할 수 있는 상품은 2파운드[약 30만 원]짜리부터 5파운드짜리까지 다양했다.

아일랜드인들은 알선 업소들의 광고 내용에 솔깃했다. 미국으로 직접 가는 배를 탄 사람도 적지 않았지만, 대부분은 뱃삯이 훨씬 싼 쪽을 택했다. 일단 영국령 캐나다로 가서, 되도록 빨리 미국 국경을 넘어갈 작정이었던 것이다. 대기근 시기에 이주한 아일랜드인 넷 가운데 셋은 미국에 정착했다. 대략 150만 명이었다.

이주민은 대개 봄이나 초여름에 떠났다. 겨울철에 대서양을 횡단하는 것은 목숨을 걸어야 할 만큼 위험천만하기 때문이었다. 한번

코크 주에서는 부두마다 어서 아일랜드를 떠날 수 있기를 간절히 바라는 이주자로 북적
거렸다. 코크 주 항구 한 곳에서 단 8일 만에 배 열한 척이 승객 1,568명을 태우고 아일랜
드를 떠났다. -『일러스트레이티드 런던 뉴스』, 1851. 5. 10.

이주를 결심한 가족은 되도록 빨리 벗어나고 싶어 했다. 더러는 한밤 중에 몰래 빠져나가기도 했다. 지주한테 붙잡힐까 두려웠기 때문인데, 소작료를 빚진 사람들은 더했다. 제인 오케인은 이렇게 말했다. "지 주한테 잡혔다간 그나마 아끼고 아껴 둔 돈은 물론 알량한 짐까지 몽 땅 빼앗기고 말 테니까요. 마지막까지 버틴 사람들은 일찌감치 이주 한 사람들에 비하면 알거지나 다름없는 신세였어요. 입에 풀칠할 것 조차 없었고 이주비로 쓸 돈도 간당간당했죠."

대다수 이주민은 꾸릴 짐조차 거의 없었다. 기껏해야 간단한 침 구와 비상식량 몇 줌이 전부였을 것이다. 제인 오케인의 말이다. "다 들 세 번씩 구운 귀리 빵을 싸 왔어요. 먼저 평소에 먹을 때처럼 구워 서 식혔다가, 넓적한 빵이 돌처럼 딱딱해질 때까지 다시 구운 거죠. 형편이 좀 나은 사람은 소금에 절인 청어, 감자, 귀리 가루도 챙겨 왔 더군요."

몇몇 사람은 '개구리 빵'이라는 특별한 음식을 만들어 왔다. 구 운 개구리를 빻아서 귀리 가루에 섞어 만든 것이었다. 그 빵이 치명 적인 선박열로부터 보호해 준다고 믿었기 때문이다. 태아막을 품에 지닌 사람들도 있었다. 이것은 어머니 배 속에 있는 태아를 감싸는 얇은 막인데, 태어날 때 더러 머리에 쓰고 나오는 아기도 있다. 이 막 이 배 속에서 아기를 보호해 주었듯 물에 빠져도 익사를 막아 준다고 믿었던 것이다. 수많은 사람이 아일랜드를 추억할 기념품으로 '그리 운 뗏장'auld sod, 즉 토탄을 한 덩이씩 챙겨서 떠났다.

이주길에 오르기 전날 밤, 이주자의 가족과 친지는 '아메리칸 경

가족과 친지가 모여 송별회를 했다.
그 자리에 함께한 사람들은 춤추고 마시고 노래를 불렀다. ……그리고 울었다.

-『일러스트레이티드 런던 뉴스』, 1848. 12. 30.

야를 열었다. 초상집에서 밤샘을 하는 아일랜드 장례 전통에서 생겨난 송별회인데, 경야라는 이름을 붙일 만도 했다. 머나먼 아메리카 대륙으로 이주한 사람이 다시 돌아오리라고는 어느 누구도 생각하지 않았고, 사랑하는 가족을 두 번 다시 못 볼 것이라고 애태우는 사람이 그만큼 많았기 때문이다. 가족과 친지가 밤새도록 송별회를 하면서 묵주 기도를 하고, 먹고 마시고 노래하고 춤추고 게임도 했다. 아무리 흥겹게 지내려 해도 슬픔을 숨기진 못했다. 특히 자식을 떠나보내야 하는 부모는 슬픔을 가눌 길이 없었다. 어느 아메리칸 경야에서 한 아버지는 떠나갈 아들에게 같이 춤 한번 추자며 이렇게 말했다고 한다. "자, 아들아, 일어나서 이리 오렴. 춤을 추면서 아비 얼굴을 잘 봐 두려무나. 이것이 우리가 함께 추는 마지막 춤일 테니." 그 말에 너나없이 눈물이 그렁그렁 차올랐다.

밤새워 송별회를 하고 아침이 되면, 마지막으로 신부가 축도를 했다. 가족과 친지들이 더는 갈 수 없을 때까지 쫓아가 먼 길 가는 사람을 배웅했다. 코너 오닐은 이렇게 말했다. "우리 아버지는 캐나다로 떠나는 아버지의 숙부를 배웅하러 거의 65킬로미터나 되는 길을 걸어갔다 오셨어요. 섀넌 강 양쪽 강둑에 배웅 나온 사람이 즐비하게 늘어서 있고는 했어요. 그 광경을 보고 가슴이 미어지지 않을 사람이 누가 있겠어요."

1848년에 열일곱 살이 된 디어뮈드 오도노번 로사도 가족과 생이별하는 아픔을 겪었다. 아버지는 지난해 봄에 세상을 떠났고, 온 식구는 오두막집에서 쫓겨났다. 디어뮈드가 인근 마을 스키베린에서

미국으로 이주하는 이 남자의 머나먼 여정은 떠나는 날 아침, 신부의 축도로 시작된다.

-『일러스트레이티드 런던 뉴스』, 1851. 5. 10.

일자리를 얻었지만, 홀로 된 어머니는 두 아들과 딸을 데리고 이주하기로 마음먹었다. 결국 혼자만 아일랜드에 남은 디어뮈드는 이렇게 말했다. "나는 앞가림할 만큼 자랐다고 생각하셨나 봐요."

디어뮈드는 식구들을 배웅하러 코크 주 코브 항구로 이어지는 갈림길까지 걸어갔다 왔다. 몇 해가 흐른 뒤 디어뮈드는 이렇게 회상했다. "그날 목 놓아 울던 소리가 아직도 귓가에 맴돌아요."

항해

이주민은 대부분 마을을 그렇게 멀리 벗어난 적이 처음이었다. 심지어 도시나 배나 바다를 난생처음 구경하는 사람까지 있었다. 작은 창하나에 바닥을 점토로 깐 진흙 오두막집을 막 떠나온 사람들에게는 항구도시의 풍경도 시끌벅적함도 신기했다. 아마도 가장 믿기 어려운 광경은 부두에 잔뜩 쌓여 있는 식량이었을 것이다. 돼지고기, 버터, 귀리, 달걀, 부식용 햄과 비프스테이크 등 모두 영국 시장으로 수출할 것들이었다.

이주민은 중개인들에게 배표를 샀다. 불량한 중개인과 탐욕스러운 선주는 순박한 이주민이 쉽게 속는다는 것을 눈치챘다. 누군가는 있지도 않은 유령 선박의 배표를 팔거나 3등실 배표 하나를 여러 사람에게 겹치기로 팔았다. 그래서 배표를 갖고 있어도 3등실이 꽉 차서 운 나쁜 사람은 선실에 들어갈 수 없었다. 그뿐이 아니었다. 이주

171

가족과 친지는 갈 수 있는 곳까지 최대한 따라가 이주민을 배웅했다.
사람들이 골웨이에 있는 부두에서 배가 출발하는 것을 지켜보고 있다.

-『일러스트레이티드 런던 뉴스』, 1850. 6. 8.

민은 낯선 사람의 사탕발림에 넘어가지 않기 위해 정신을 바짝 차려야 했다. 그 항해에서는 아무짝에도 쓸모없는 나침반 따위를 팔려고 호리는 사람이 한둘이 아니었다. 선박 운항 규정은 나중에야 개선되었다.

이주민은 배표를 구입한 뒤 숙박업소에서 구한 방에 머물며 출항할 날을 기다렸다. 제인 오케인은 이렇게 말했다. "바람이 없고 날씨가 좋을 때를 하염없이 기다리며 배는 부두를 떠날 줄 몰랐어요. 한 청년은 슬라이고에서 3주나 묶여 있었죠. 그 청년의 부모님은 매주 음식을 새로 장만해서 가져다주었어요. 그냥 집으로 돌아가자는 부모님 말에 청년은 싫다고 했어요. 그랬다간 모든 사람에게 웃음거리가 될 거라면서요."

마침내 배가 출발할 날이 오면, 이주민은 짐을 짊어지고 깃털 베개나 짚자리 따위의 이부자리를 끌고 부두로 내려갔다. 시간에 쫓겨 얼렁뚱땅 해치우기는 해도 배에 오르기에 앞서 건강검진을 받았다. 어떤 의사는 그냥 자리에 앉아서 창문 너머로 지나가는 승객의 혀를 살펴보는 게 다였다. 한 남자가 전한 말은 이랬다. "척 봐도 길고 험난한 항해를 견뎌 내기 어렵겠다 싶은 사람이 많았어요. 하지만 의사 한 사람한테만 검진을 받으면 그대로 통과되었죠."

이주민은 대부분 3등실 승객으로 요금이 가장 싼 배표를 구입했다. 말이 3등실이지 사실은 배의 맨 아래에 있는 선창이었고 빛이라곤 등잔불밖에 없었다. 승객들은 한 번 돌아눕지도 못할 만큼 좁디좁은 나무 침상에 딱딱 붙어서 잠을 잤다. 여자용 화장실, 즉 수세식 변

한 어머니가 아이들과 함께 짐 가방에 걸터앉아 있다.
가방에 잭 설리번이라는 이름과 함께 미국행이라고 쓰여 있다.
-『일러스트레이티드 런던 뉴스』, 1851. 5. 10.

기는 3등실 양 끝에 하나씩 있었고, 남자는 갑판으로 올라가야 했다.

　1850년에는 아직 철갑 증기선을 들여오기 전이라 돛단배로 대서양을 건너는 데 40일쯤 걸렸다. 날씨가 나쁠 때는 훨씬 더 걸렸다. 3등실 승객은 악취가 진동하는 선창에서 벗어나 되도록 갑판에서 지냈다. 폭풍우가 휘몰아칠 때는 밑으로 내려가 해치까지 꼭 닫을 수밖에 없었다. 선창은 숨이 막힐 듯이 갑갑했고 바닷물이 스며들거나 나무 바닥이 삐걱거릴 때면 불안감에 휩싸였다.

　법규에 따라, 모든 승객에게 식량과 물이 제공되었다. 어른은 하루에 빵, 밀가루, 쌀, 오트밀, 또는 감자를 1파운드[약 450그램]씩 받아 후갑판에 있는 화덕에서 요리를 했다. 또 하루에 물을 약 3리터씩 배급받아 마시고 씻고 요리하는 데 썼다. 오늘날 기준으로 따져 보면 일일 배급 식량이 빵 한 덩어리나 중간 크기의 감자 대여섯 개 정도여서, 겨우 굶어 죽지 않을 정도로만 끼니를 때운 셈이다. 14세 미만의 어린이에게는 어른 몫의 절반을 주었다.

　승객들은 게임을 하고, 노래를 하고, 갑판에서 춤도 추면서 시간을 때웠다. 나이 많은 아이들은 쥐를 잡기도 했다. 기나긴 항해에 지쳐 신경이 곤두선 승객끼리 싸움이 잦아졌고, 오트밀이나 귀리 빵을 만들다가 옥신각신 다투기 일쑤였다. 2등실 승객 로버트 화이트는 이렇게 기록했다. "갑판 보조 선원이 화덕에 물을 뿌려 불을 끄는 7시가 되어서야 비로소 실랑이는 끝났다. 불이 꺼지면 싸우던 사람들은 화를 다 삭이지 못해 씩씩거리며 자기 냄비와 프라이팬을 낚아채 설익은 음식을 들고 선창으로 내려갔다."

시간을 때우고 향수도 달랠 겸, 이주민은 갑판 곳곳에서 게임도 하고 노래도 부르고 춤도 추었다.

-『일러스트레이티드 런던 뉴스』, 1850. 7. 6.

항해가 길어지면서 배급할 물과 식량이 동나기 시작했다. 선원들은 식량을 아끼려고 날마다 급식량을 조금씩 줄였고 물의 양을 늘리려고 물통에 식초를 듬뿍듬뿍 탔다. 아마도 식초에 함유된 아세트산이 세균 증식을 늦추는 데는 한몫 톡톡히 했을 것이다.

주검의 배

미국과 영국 정부는 다양한 여객 운송법을 제정하여 해운업을 규제하고 여객선 승객을 보호하고자 했다. 그럼에도 법을 시행하는 데는 어려움이 따랐다. 특히 정부의 감독이 부실한 작은 항구에서는 법이 제대로 지켜지지 않았다. 따라서 이주민의 안전과 건강이 몹시 위태로웠다. 탐욕스러운 선장과 선주는 돈벌이에만 급급했고 지주는 지주대로 소작농을 시원하게 떨쳐 버릴 비용을 한 푼이라도 더 아끼려고 어떻게든 싸게 뱃삯을 치르려 들었다.

배에 태우는 사람 수는 법으로 정한 규정을 따라야 했다. 미국은 선박의 등부톤수*를 기준으로 5톤에 2인 이하로 태우도록 정했다. 영국은 5톤에 승객 3인까지 허용했다. 감독이 제대로 되지 않아서, 법정 정원을 두 배나 초과한 채로 출항하는 배가 많았다. 게다가 의사는커녕 비상 의약품조차 없고 식량과 물도 터무니없이 적었다. 존

---

* 선박의 크기를 나타내는 한 가지 방법으로 사람과 짐을 실을 수 있는 실제 용적.

이주민은 승선하기 전 기본적인 의료 검진을 받았다.
몇몇 가족의 경우 건강한 식구들은 떠나고 가장 쇠약한 사람은 남았다.
－『일러스트레이티드 런던 뉴스』, 1850. 7. 6.

필립스는 이렇게 전했다. "그 가엾은 사람들이 가축 떼처럼 꾸역꾸역 배에 올라탔고 항해 도중에는 식사도 제대로 못했습니다."

배에 오르기 전에 건강검진을 실시했다지만 그것만으로 갖가지 질병으로부터 승객을 지키기에는 어림도 없었다. 항해 도중 배에서 승객이 깨끗이 몸을 씻고 옷가지나 이부자리를 빨 수 있는 방법은 없었다. 그래서 몸에 붙은 이가 쉽사리 옮아가 선박열을 퍼뜨렸다. 설익은 음식을 먹고 불결한 식수를 마신 탓에 설사병과 이질에 걸린 사람도 많았다. 승객이 죽으면, 돛천으로 둘둘 말아 꿰맨 다음 던져서 바다에 묻었다. 몇몇 이주민은 굶주린 상어가 배를 뒤쫓으며 시신을 풍덩 던지기만 기다렸다고 주장했다.

캐나다로 가는 배는 환경이 더없이 끔찍했다. 캐나다행 배를 타고 가다가 죽은 사람이 워낙 많아서 '주검의 배'coffin ships로 통할 정도였다. '엘리자베스 앤드 세라' 호는 여객 운송법 규정을 지킨 것이 거의 없었다. 만든 지 76년이나 된 배에 법정 승선 정원을 훨씬 초과해 126명이나 태웠다. 뱃짐을 싣는 선창에 얼렁뚱땅 침상 32대만 급조해서, 3등실 승객 대다수는 바닥에서 잘 수밖에 없었다. 심지어 양동이를 변기로 썼다. 법에 따르면 물은 약 5만 7,000리터를 준비해야 했다. 하지만 실제로는 4만 리터도 채 되지 않았고 물통이 새기까지 했다. 선장은 식량을 단 한 번도 배급하지 않았다. 이 배는 8주 만에 캐나다 퀘벡에 닿았다. 항해 도중 사망한 승객은 42명이었다.

'엘리자베스 앤드 세라' 호를 비롯한 주검의 배 이야기가 고향에 속속 전해졌다. '라치' 호는 승객 440명 중 108명을 수장하고 캐

이 북적거리는 3등실이 앞으로 40일이 넘도록 이주민들의 집이 될 터였다.
나무 침상의 경우 어른용은 너비가 약 45센티미터였고 어린이용은 그 절반이었다.

-『일러스트레이티드 런던 뉴스』, 1851. 5. 10.

나다 그로스 섬에 닿았는데 열병에 걸린 승객이 150명이 넘었다고 했다. 법정 정원을 한참 초과해 승객을 태운 '아멜리아 메리' 호 선장은 엄청난 벌금을 피하려고 어느 황량한 아일랜드 해변에 승객 17명을 버렸다. '오션 모나크' 호는 영국 리버풀에서 약 40킬로미터 떨어진 곳에서 불길에 휩싸였다. 12시간 동안 불에 타다 18미터 아래로 침몰했다. '해나' 호는 빙산에 충돌했는데 선장과 선원이 구명보트를 모두 꿰차고 이주민은 버려두었다고 했다. 40분 뒤 배가 침몰하면서 승객 40명이 사망했다. 때마침 지나가던 배가 빙산으로 기어오른 129명을 구조했다.

배가 캐나다에 닿은 뒤에도 끔찍한 시련은 계속 이어졌다. 캐나다에 전염병이 퍼지는 것을 막기 위해 모든 승객은 그로스 섬에 있는 검역소에서 검진을 받도록 했다. 그 섬은 세인트로렌스 강 한복판에 있었다. 병에 걸린 승객은 배에서 내려 완쾌될 때까지 검역소 진료실에서 치료를 받았고 해당 선박은 살균제를 뿌려 소독했다.

평상시에는 이런 조치만으로 효과가 있었다. 그러나 아일랜드 이주민이 대거 밀려드는 바람에 검역관은 손이 열 개라도 모자랄 판이었다. 한번은 1847년 봄철에 배 40척이 한꺼번에 몰려와 세인트로렌스 강에 3킬로미터가 넘게 줄지어 대기하기도 했다. 승객은 어림잡아 1만 4,000명쯤 되었고, 열병과 이질에 걸린 사람도 많았다. 갈수록 태산이었던 것이, 이민국 관리는 그해 말까지 4만 5,000명이 더 이주해 올 것으로 내다보았다.

그것은 악몽이었다. 검역관들이 이주민 검진 절차를 신속하게

겨울에 대서양을 횡단하는 것은 위험천만하다는 사실이 입증되었다. 강풍이 사납게 몰아쳐 에
드먼드 호가 마구 뒤흔들렸고, 돛천이 찢겨 나가고 돛대 두 개가 부러졌다. 그다음에 배는 커다
란 바위를 들이받았다. 이 사고로 승객 96명이 익사했고, 나머지 110명은 가까스로 바위로 기
어올랐다. –『일러스트레이티드 런던 뉴스』, 1850. 12. 7.

처리하지 못하는 사이, 전염병은 며칠 동안 함께 검역을 받은 승객들에게 퍼져 나갔다. 한 검역관은 이민선 한 척을 조사한 다음 이렇게 소견을 밝혔다. "해치에서 지독한 악취를 풍기며 뿜어져 나오는 공기 한 줄기를 보았어요. 그건 마치 안개가 자욱하게 깔린 날 똥 무더기에서 피어오르는 연기처럼 짙고 또렷했습니다."

마침내는 병에 걸린 승객을 나룻배에 싣고 가서 짐 부리듯 강가에 내려놓기까지 했다. 한 신부는 몸서리를 치며 이렇게 말했다. "그 사람들은 강가에 누워 있거나 개펄을 기어 다니다가 물 밖으로 나온 물고기처럼 죽어 갔습니다."

천막과 막사를 지어 임시 진료소로 썼지만, 침상도 의약품도 의료 장비도 모자랐다. 맨바닥에 놓인 침구는 축축하게 젖어 들었다. 얼결에 대충 지은 막사라 변소조차 없었고, 이질 환자가 워낙 많아서 사방에 사람 배설물 천지였다. 어떤 사람은 이렇게 말했다. "그제야 알겠더군요. 어째서 그토록 많은 빈민이 엉성한 바위 밑이나 물가 근처에 땅굴을 파고 살면 살았지 한사코 구빈원 숙소를 피했는지 말이지요."

지주의 사유지를 지나는 강물에 석회를 뿌린 뒤 아일랜드에서 도망했던 16세 소년 톰 플린은 다른 많은 사람들에 비해 운이 좋았다. 톰은 캐나다에서 일자리를 얻어서 돈을 모아 홀어머니와 형제자매들에게 뱃삯을 보냈다. 가족이 도착했지만, 타고 온 배가 항구에서 검역을 받고 있었다. 톰은 기다리다 애가 달아서 나룻배를 빌려 타고 노를 저어 배 쪽으로 다가갔다. 가족을 발견한 톰은 배에서 몰래 빼내 배 바닥에 눕히고 덮개로 덮었다.

강기슭으로 돌아가려고 막 노를 젓는 순간 톰은 영국령 해안 경비병에게 걸렸다. 톰의 손녀는 그때 이야기를 이렇게 전했다. "경비병이 '너 거기서 뭐하는 거지?' 하고 소리쳐 물었대요. 할아버지가 과감하게 '고기 잡아요. 몇 마리 드릴까요?' 하니까, 경비병이 다시 '됐어. 여기서 빨리 나가기나 해!' 하더래요. 그래서 할아버지는 신나게 나왔대요."

1847년 말까지 아일랜드에서 캐나다로 떠난 사람은 총 10만 명쯤 되었다. 그중 거의 2만 명이 항해 도중이나 급하게 대충 지은 진료소에서, 또는 바닷가 마을에서 사망했다. 부모를 여읜 아이들은 입양되거나 고아원으로 보내졌다. 몇몇 추정 자료에 따르면, 아일랜드 대기근 시기에 이주한 사람 가운데 북아메리카에 도착한 지 얼마 안 돼 목숨을 잃은 사람이 무려 17퍼센트나 되었다고 한다.

고아 이주 기획

대기근 난민이 모두 캐나다와 미국으로 떠난 것은 아니었다. 약 30만 명이 영국행 배표를 예약했다. 영국은 배로 아일랜드 해를 하루만 건너면 되는 거리였다. 영국 이주자들 가운데 아주 눌러앉으려고 작정한 사람은 거의 없었다. 영국에서 돈을 벌어 형편이 되는 대로 아메리카나 유럽 대륙으로 건너갈 작정이었다.

이주민이 주로 남성이었던 오스트레일리아에서는 여성 이주민들에게 제발 와 달라고 통사정했다. 오스트레일리아까지 가는 뱃삯이 북아메리카보다 네 배나 비쌌기 때문에 아일랜드인 대부분은 엄두를 낼 수 없었다. 영국 정부와 당시 영국 식민지였던 오스트레일리아 당국은 자발적 이주민을 후원하자는 묘안을 짜냈다. 그 결과 아일랜드인 1만 4,000여 명이 원조 이민을 이용했다. 여기에는 당시 구빈원에 수용되어 있던 14~18세 고아 소녀들도 있었다.

고아가 된 수많은 소녀가 이주를 갈망했다. 특히 상륙한 뒤 결혼을 희망하는 소녀가 많았다. 오스트레일리아로 처음 출발한 배가 실어 나른 승객은 88개 구빈원에서 모집한 고아 소녀 2,219명이었다. 원조 이민을 신청한 소녀들은 새 옷과 모자, 부츠에 머리빗까지 얻었다. 출발에 앞서 항해 중 행동 지침에 관해 교육받고, 건강검진과 예방접종을 했다. 항해 중에 제공된 식사와 숙박 시설은 여느 배보다 훨씬 좋았다. 수간호사가 소녀들을 돌보았고, 교사들이 읽기와 쓰기를 가르쳤다.

초창기에는 항해 도중 몇몇 소녀의 행실이 나빴다는 보고가 몇 건 있었다. 그러나 그다음부터는 하나같이 정숙하고 순종적이며 근면하게 생활했다고 평가했다. 오스트레일리아에 도착하자마자 소녀들은 얼마간 민족적 차별을 받았다. 그러나 이내 '행실이 바른' 아일랜드 소녀들에게 호감을 가진 오스트레일리아 고용주가 많이 늘었다. 2주 만에 모든 소녀가 다 고용되었다. 118개 구빈원에서 4,000명 남짓한 소녀가 더 이주한 다음, 1850년 5월에 오스트레일리아행 원

이 이민선은 오스트레일리아행이다.
영국 정부와 오스트레일리아 당국은 이주민 후원 사업을 조직적으로 벌였다.

─『일러스트레이티드 런던 뉴스』, 1840. 7. 20.

조 이주 사업은 중단되었다.

아일랜드인 사절

미국에서는 캐나다 그로스 섬에서 일어난 참사와 견줄 만한 비극은 일어나지 않았다. 그러나 아일랜드 이주민들은 다른 문제에 부닥쳤다. 아일랜드에 있으면서 굶주림에 시달릴 때는 미국인이 동정심이 많은 줄 알았다. 구호 활동을 벌여 기부금, 식량, 의복 따위를 바다 건너까지 보내 준 사람들이었으니까.

막상 아일랜드인이 미국 땅에 발을 들여놓자, 미국인의 동정심은 온데간데없었다. 가난에 찌들고 깡마른 이주민을 겁냈다. 굶주림과 질병에 시달려 워낙 쇠약해져서 일을 못할 사람들로 여겼다. 발진티푸스와 다른 전염병이라도 옮길세라 지레 겁을 먹었다. 또 새로운 인력이 넘쳐나 자기네 일자리를 빼앗기고 임금이 하락하는 건 아닐까 하는 걱정을 앞세웠다. 많은 사업주가 성가신 문제를 미연에 방지하려고 아일랜드인 고용을 거부했다. 'NINA'라는 글귀를 사무실 창문에도 붙이고 신문 구인 광고에도 실었다. 그것은 '아일랜드인 사절'No Irish Need Apply이라는 뜻이었다.

아일랜드 이주민 때문에 미국 납세자가 재정적 부담을 떠안는 사태를 방지하기 위한 조치로, 미국 의회는 신속하게 여객 운송법을 강화했다. 1847년 미국 의회는 미국 선박의 법정 승선 정원을 줄이고, 요금 하한선을 올리는 등 이민 제한 조항을 보강했다. 검역관들도 병이 심하거나 너무 쇠약해 일하기 어려운 승객을 싣고 온 배는 아예 검진을 거부했다. 미국에서 거부당해 되돌아갈 수밖에 없는 배는 대부분 캐나다로 뱃머리를 돌렸다. 캐나다는 영국령 영토였으므로, 검역관이 영국이나 아일랜드에서 온 배를 거부할 수 없었다.

그러나 아일랜드 사람들은 포기하지 않았다. 톰 플린처럼, 다른 아일랜드 이주자들도 성공하고 말겠다고 이를 악물었다. 톰은 맨 처음 캐나다에 상륙했지만, 나중에 미국으로 건너갔다. 그곳에서 아무리 어렵고 위험하고 더러운 일이라도 닥치는 대로 했다. 톰 플린의 손녀 엘리자베스는 이렇게 전했다. "벌목, 철도 건설, 강에서 통나무를 굴려 옮기는 숙련노동, 화강암 채석 등 메인 주와 뉴햄프셔 주를 전전하며 별별 일을 다 했어요. 할아버지는 마침내 1856년에 미국 시민권을 얻었어요. 1860년 대통령 선거에서 에이브러햄 링컨을 찍었답니다."

아일랜드인은 이주한 지 얼마 안 돼 미국 노동 인구에서 꽤 비중이 높은 집단을 이루었다. 아일랜드 이주민은 톰 플린처럼 닥치는 대로 일했다. 운하를 파거나 철도나 도로 건설 등 품삯이 가장 낮은 일터도, 공장, 제분소, 탄광도 마다하지 않았다. 대개 하루 벌이가 고작 50센트[약 1만 5,000원]밖에 되지 않을 정도로 품삯은 형편없었다. 아무리 임금이 적어도 아일랜드 공공 근로 사업장에서 하루에 8펜스[약 5,000원]를 받았던 터라 엄청나게 많아 보였다.

아일랜드의 정세

이민 광풍이 휘몰아치면서 아일랜드는 마을도 소도시도 온통 인적이 끊기다시피 했다. 영국 지도자들은 높은 이민율에 놀라기는커녕 오히려 반기는 기색이었다. 영국 정부는 유럽의 최근 정세를 살피며 바짝 긴장하고 있었다. 프랑스에서는 1848년 2월 혁명이 일어나 시민과 노동자가 왕정을 무너뜨리고 공화국을 세웠다. 그 영향을 받아 오스트리아에서는 3월에 백성이 들고일어나서 결국 국정을 이끌던 보수 세력의 지도자[클레멘스 폰 메테르니히]가 추방당했고, 더 나아가 지배층에게 항거하는 봉기가 일어났다. 또 여러 군소 국가로 이루어진 독일과 이탈리아에서도 곳곳에서 반란이 일어났다.

1848년 4월 무렵, 그 어느 때보다 아일랜드에 반란의 기운이 무르익자 영국 정부 지도자들은 전전긍긍했다. 빅토리아 여왕은 존 러셀 총리에게 보낸 편지에서 그런 사실을 시인했다. "아일랜드 정세가 대단히 우려스럽고 무척 불안합니다. 쉽게 불붙을 문제가 온통 우리를 에워싸고 있으니 근심스럽습니다."

9장

전쟁은 어디서 시작될까

> 그대가 너무 드세면 깨부수려 들 것이요,
>
> 그대가 너무 무르면 짓뭉개려 들 것이라.

—코르막 맥 에어트.* 『군왕 훈육서』(Instruction of a King)(267)

티퍼레리 주 언덕 중턱에 자리 잡은 발린가리 마을에서 조금 떨어진 곳에 돌집이 한 채 있었다. 매코맥이라는 젊은 과부가 일곱 자식과 사는 집이었다. 1848년 여름내 매코맥은 우르릉거리는 소리를 자주 들었다. 영국에 항거하는 봉기라도 일으켰나 싶으면서도 대수롭잖게 넘겼다. 전에도 봉기 어쩌고저쩌고 하는 얘기를 듣기도 했고 정말로 전쟁이 터질지 모른다는 생각이 불쑥불쑥 떠오르기도 했다. 그래도 설마하니 전쟁이 발린가리에서 시작될 리는 없다고 굳게 믿었다.

* 226년부터 266년까지 고대 아일랜드를 다스렸다고 하는 전설상의 왕. 세 가지 거짓을 말하면 깨지고 세 가지 사실을 말하면 다시 붙는 황금 잔을 가진 지혜의 왕으로 전해 온다.

봉기할 날을 대비해 노동자들이 들고 온 곡괭이를
대장장이가 망치질로 끝을 날카롭게 벼려서 창처럼 만들었다.

-『일러스트레이티드 런던 뉴스』. 1848. 8. 5.

7월이 되면서 발린가리 주민들 사이에서 들고일어나야 한다는 목소리가 점점 커졌다. 몇몇 노동자는 직접 물푸레나무를 베어 내서, 통나무를 패고 매끄럽게 다듬어 손잡이를 만들었다. 대장간을 찾아가 곡괭이를 날카롭게 벼리는 사람도 있었다. 또 누군가는 새총과 권총의 사정거리를 가늠해 보았다. 낫이며 쇠스랑을 챙기는 사람도 있었다. 7월 말, 200명쯤 되는 소규모 반란군이 발린가리 거리를 행군하며 훈련했다. 그들은 영국군과 정정당당하게 맞서 싸울 기회가 어서 오기를 간절히 바랐다.

7월 29일 토요일이었다. 반란군은 경찰 한 부대가 줄을 지어 마을로 접근하고 있다는 전갈을 받았다. 그들은 흥분하면서도 발린가리를 지킬 방어 태세를 취했다. 서둘러 수레와 나무로 바리케이드를 치고, 각자 자리를 잡고 공격해 오기를 기다렸다.

언니, 저 경찰들이 우리를 죽일까?

봉기가 일어났다는 소식이 들려왔다. 매코맥은 아직 학교에 있는 첫째와 둘째 아이가 걱정돼 안절부절못했다. 아무래도 집으로 데리고 오는 것이 더 안전하겠다고 판단했다. 까만 보닛을 머리에 쓰고 턱밑으로 끈을 묶고 나서, 열 살배기 캐티에게 엄마가 나갔다 올 동안 동생들 잘 돌보라고 단단히 일렀다. 금방 오겠다고 약속하고 집을 나선 뒤 아이들이 다니는 학교로 부랴부랴 갔다.

캐티는 엄마가 나간 지 얼마 안 되어 바깥에서 나는 소란한 소리를 들었다. 후딱 달려가 창문을 내다보니 저 멀리 경찰이 보였다. 40명쯤 되는 제복 입은 경찰이 울타리를 뛰어넘어 풀밭을 뛰어가는가 하면, 벽을 기어오르기도 하고, 첨벙첨벙 도랑을 건너기도 했다. 성난 아저씨며 아줌마들한테 쫓기는 중이었다. 아저씨들은 손에 곡괭이, 쇠스랑, 낫을 들고 있었다. 더러 총을 든 사람도 보였다.

쫓기던 경찰은 매코맥네 집을 빙 둘러싼 돌담에 이르렀다. 말을 탄 지휘관 톰 트랜트 경위가 집 안으로 피하라고 명령했다. 경찰은 허겁지겁 돌담을 넘어 양배추 밭을 가로질러 집 안으로 뛰어들었다. 캐티가 나중에 신문기자에게 한 말은 이랬다. "경찰이 우리 집에 막 들어와서 나랑 동생들이 한꺼번에 울음을 터뜨렸어요. 그러니까 경찰이 우리더러 조용히 하랬어요."

트랜트 경위는 부하에게 모든 창문과 문에 바리케이드를 치라고 명령했다. 아이들은 경찰이 돌쩌귀에서 문짝을 뜯어내고 가구를 끌어다 쌓는 것을 지켜보았다. 경찰 몇 사람은 매코맥의 침실로 들어가 깃털 이불과 매트리스를 끌어내 현관문에 붙여 세웠다.

캐티는 허둥지둥 동생들을 부엌으로 데려가서 난롯가에 웅크리고 앉아 있었다. 세 살배기 매기가 캐티 언니와 와트 오빠 사이로 살짝 비집고 들어갔다. 어린 매기가 언니 무릎에 얼굴을 묻더니 울먹이며 물었다. "언니, 저 경찰들이 우리를 죽일까?"

바로 그때 부엌 창문에 돌이 날아들어서 유리창이 박살났다. 뒤이어 누군가 쏜 머스킷 총알이 덧문에 맞고 터지면서 나무문이 부서

매코맥이라는 과부가 일곱 자식과 함께 살았던 이 2층 돌집은
티퍼레리 주 발린가리 마을에서 조금 떨어진 곳에 있었다.

-『일러스트레이티드 런던 뉴스』, 1848. 8. 5.

졌다. 캐티의 말이다. "굴뚝에 총알이 맞았어요. 고양이가 자고 있던 바로 위쪽이요. 그 바람에 검댕이 떨어져 내리자 고양이가 훌쩍 뛰어서 달아났어요. 그 뒤로 사흘 동안 고양이를 못 보았어요." 헛간 앞마당에서는 가축들이 공포에 질려 사나워졌다면서 캐티는 이렇게 덧붙였다. "암말이랑 망아지도, 젖소랑 송아지도 미친 듯이 날뛰었어요."

경찰도 그 집 벽을 깨서 총구멍을 내고 반란군을 향해 총을 쏘았다. 요란한 총소리에 아이들이 벌떡 일어나 현관문께로 뛰어갔다. 캐티가 한 말은 이랬다. "나도 와트도, 조니와 엘런과 매기도 비명을 질렀어요. 세 동생이 울면서 나랑 와트한테 자기들을 죽이지 말아 달라고 부탁하라며 매달렸어요. 집 안에서도 바깥에서도 총소리가 천둥처럼 울렸거든요."

어떤 경찰이 아이들을 층계 밑으로 데려가 안전하게 숨어 있도록 커다란 벽장 안쪽으로 밀어 넣었다. 그러고는 조용히 있으라고 명령한 뒤 문 뒤에서 총을 쏘아 댔다. 캐티는 이렇게 말했다. "그 경찰이 총을 쏠 때마다 불빛이 번쩍거리면서 우리가 있는 곳을 환히 밝혔어요. 총알을 다시 채울 때면 총부리가 내 발쪽을 향해 있었어요."

층계 밑에 웅크리고 있던 매코맥네 아이들이 보기에는 영락없이 전쟁이 일어난 것 같았다. 캐티네 가족은 아일랜드에서 전쟁이 일어날지도 모른다는 이야기를 자주 했다. 역시 캐티의 말이다. "우리 엄마도 할아버지도 이모들도 전쟁이 어디서 시작될까, 그런 말을 하곤 했어요. 아일랜드 땅 어디에서나 일어날 수 있다는 생각은 했지만, 우리 집에서 시작될 줄은 꿈에도 생각 못 했어요."

아닌 게 아니라 캐티는 실상을 잘 몰랐다. 사실 그 마을 주민들은 몇 달 전부터 봉기를 일으킬 계획을 세우고 있었다.

아일랜드 청년당

1848년 봄에는 추위가 쉽사리 풀리지 않았다. 그러나 아일랜드인들은 감자가 살아나리라는 믿음을 되찾았다. 지난가을, 그러니까 1847년 수확 때에는 역병에 걸린 감자가 거의 없었기 때문이다. 마침내 감자 역병이 끝났다고 다들 믿었다.

농민들은 기운이 펄펄 솟아 들에도 습지에도 바위투성이 언덕 중턱에도 감자를 심었다. 소농은 마지막 남은 가구와 옷가지까지 팔아 씨감자 살 돈을 가까스로 마련했다. 농민도 노동자도 너나없이 예년보다 감자를 세 배나 많이 심었다. 사람들은 의욕에 차서 양배추, 콩, 당근, 케일 따위의 채소도 심었다.

5월과 6월 두 달 내내 감자는 햇볕을 듬뿍 쬐고 싹을 틔웠다. 지주도 대농도 이제는 소작료를 받아 빚을 갚을 수 있겠다는 기대를 품었다. 소농과 노동자는 3년 만에 처음으로 맘껏 배불리 먹을 수 있겠다는 꿈에 부풀었다.

아일랜드 백성이 희망에 차서 열심히 씨감자를 심는 동안, 아일랜드 청년당Young Ireland이라고 알려진 무장 단체 당원들 사이에서는 혁명 기운이 달아오르고 있었다. 최근 유럽 각국에서 일어난 반란에 힘입어 기세가 드높아졌다.

아일랜드 청년당 당원들은 대체로 프랑스와 오스트리아를 비롯, 독일 및 이탈리아의 군소 국가 백성들과 비슷한 꿈을 품고 있었다. 유럽 각국의 농민들과 마찬가지로 아일랜드 청년당 당원들도 아일랜드의 역사와 문화에 자긍심이 컸다. 또 조국의 독립과 아일랜드인의 권리와 자유를 보장해 줄 개혁을 열렬히 바랐다. 자치 정부를 세워 스스로 통치하게 될 날을 바라고 또 바랐다. 아일랜드 청년당에게 자치란 곧 합병법 폐기를 뜻했다. 다시 말해 더블린에 있던 아일랜드 의회를 복원하고 영국인을 아일랜드에서 완전히 몰아내는 것이었다.

아일랜드 청년당을 이끄는 지도자들은 출신 배경이 다양했다. 윌리엄 스미스 오브라이언은 아일랜드 신교도 지주였고, 테런스 맥매너스는 부유한 젊은 상인이었고, 제임스 핀턴 랄로는 꼽추에다 가난한 농부였다. 토머스 프랜시스 미거는 가톨릭 신도이자 워터퍼드 시장의 아들이었다. 존 미첼은 장로교회 목사의 아들이었고, 찰스 개번 더피는 신문사 편집장으로서 식료품 가게를 하는 가톨릭교도의 아들이었다.

아일랜드 청년당은 계획을 실행에 옮기기 시작했다. 첫 단계로 아일랜드 전역에서 혁명단을 결성하고 단원을 모집했다. 지도자들 못지않게 단원들도 출신이 다양했다. 상류층과 중류층도 있고, 신교도 농민과 가톨릭교도 농민, 젊은 변호사, 신문기자, 상인, 심지어 지주도 있었다. 지도자들처럼 단원들 가운데도 지식인이 많았다. 그들은 대개 이성적으로 문제를 해결할 수 있다고 믿었다.

아일랜드 청년당 모임에서는 지도자들의 연설을 들은 뒤 굶주림과 빈곤과 강제 퇴거로 고통 받는 아일랜드 백성을 구할 방법을 토론했다. 토지제도를 바꿔야 한다는 데는 대다수가 동의했지만, 그 개혁을 성공으로 이끌 방법에서 의견이 갈렸다. 제임스 핀턴 랄로는 평화로운 개혁을 내걸며 소작료 거부 총파업을 주장했다. 존 미첼은 무장 봉기를 해야 한다면서 자기 신문에 거리 투쟁에 관한 지시 사항을 실었다.* 윌리엄 스미스 오브라이언과 찰스 개번 더피는 지주와 소작농은 적이 아니라 서로 도와야 하는 자연스러운 동반자라고 믿었다.

1848년 3월, 오브라이언을 비롯한 아일랜드 청년당 대표단이 파리에서 라마르틴을 만났다. 프랑스의 새 대통령으로 뽑힌 라마르틴에게 자유를 얻기 위해 투쟁하는 아일랜드를 지원해 줄 것을 부탁했다. 아일랜드 지도자들은 미처 알지 못했지만, 그때는 이미 영국 정부가 프랑스 정부에 엄중한 경고를 보낸 뒤였다. 이를테면 프랑스는 영국의 내정에 간섭하지 말라는 것이었다.

라마르틴은 영국 정부의 경고를 무시할 수 없었다. 따라서 정중하지만 단호히, 아일랜드를 도와 달라는 청을 거절했다. 오브라이언 일행이 낙심하여 프랑스를 떠날 때 한 여성 단체에서 녹색과 흰색과 오렌지색으로 된 삼색 깃발을 선물했다. 이 삼색기는 몇 년 뒤 아일랜드에서 대단히 중요한 깃발이 된다.

---

* 존 미첼은 찰스 개번 더피의 신문사에서 함께 일하다 결별한 뒤 『유나이티드 아이리시맨』(United Irishman)이라는 주간 신문을 창간했다.

오브라이언 일행은 고국으로 돌아온 뒤에도 계속 열심히 활동했다. 영국 정부는 전전긍긍했다. 유럽에서 노동자 계급이 반란을 일으켰듯이, 아일랜드 노동자가 언제 들고일어날지 모를 상황이었다. 노동자들의 형편이 더 나빠질 것도 없을 만큼 나쁘다는 것을 영국 정부도 알았기 때문이다. 1848년에는 빈곤층이 아일랜드 역사상 최대로 늘어났다. 거지가 도시 거리마다 바글거렸고 시골 구석구석을 헤매 다녔다. 가족을 잃은 아픔을 겪지 않은 집이 거의 없을 만큼 굶주림이나 질병으로 죽은 사람이 숱했다. 항구마다 가까스로 이주비를 마련한 사람들로 득시글거렸다. 구빈원에는 여전히 사람이 우글거렸다. 감옥마저도 꽉꽉 찼다.

영국 지도자들은 만일 혁명이 일어난다면, 지방세를 내는 아일랜드 납세자가 영국 정부를 지지하지 않을 것을 우려했다. 구제 정책을 실시하면서 감당하기 어려울 만큼 높은 지방세를 강요당한 지주층과 대농층이 영국에 분개하고 있다는 것을 익히 알았기 때문이다. 봉기할 꿈도 꾸지 못하도록 아예 싹을 밟아 버려야 했다. 이를 위해 영국 의회는 1848년 4월에 반란 대역죄 처벌법**을 제정했다. 이 법에 따라 영국 정부에 위협을 꾀하는 사람은 누구나 중죄인으로 다스려서, 14년 또는 종신 유배라는 형벌을 내릴 수 있었다. 영국 정부는 또한 무기와 군수품을 넉넉히 갖춘 병력 1만 명을 더블린에 주둔시켰다.

** Treason Felony Act: 국가 보안법의 일종으로 정식 이름은 '영국 왕실 및 영국 정부의 보안 강화법'(An Act for the better Security of the Crown and Government of the United Kingdom)이다.

아일랜드 청년당 지도부는 조금도 굴하지 않았다. 계속 집회를 열고 줄기차게 영국 정부를 비판하는 연설을 했다. 아일랜드 청년당의 저항운동을 소탕하기로 결의한 영국 당국은 지도자 세 명을 체포했다. 윌리엄 스미스 오브라이언, 토머스 프랜시스 미거, 존 미첼이었다.

재판은 일사천리로 진행되었다. 배심원단의 평결에 따라 오브라이언과 미거는 무죄로 석방되었다. 영국 당국은 예상을 뒤엎은 평결에 격분했다. 미첼의 무죄 석방만큼은 기어코 막으려던 그들은 노골적으로, 미첼에게 유죄를 내릴 사람들을 골라 배심원단을 꾸렸다. 결국 그들 뜻대로 되었다. 미첼은 반역죄가 인정되어 14년간 오스트레일리아에 유배되어 중노동을 해야 하는 형벌을 선고받았다. 1848년 7월 8일에는 찰스 개번 더피가 체포되었고, 윌리엄 스미스 오브라이언의 체포 영장이 다시 발부되었다.

아일랜드 청년당 지도부는 지체할 시간이 없다는 사실을 절실히 깨달았다. 계획을 포기하든지, 채 준비도 안 된 상태로 당장 반란을 일으키든지 둘 중 하나를 선택해야 했다.

아일랜드 청년당은 사령부도, 사령관도, 군령도, 전략도, 무기도, 군수품도 없었다. 게다가 로마가톨릭교회의 지원 약속도 얻어 내지 못했다. 피우스 9세 교황은 영국의 압력을 받고 아일랜드 교구 신부들에게 정치 활동에 말려들지 말라고 명했다. 그 명을 어기는 것은 신부가 살육을 선동하는 죄를 짓는 격이라고 훈계했다. 게다가 아일랜드 노동자층이 전쟁 치를 준비가 되어 있지 않다는 판단에 동의하는 신부가 많았다.

　군사 조직도 부족하고 지원도 받지 못했지만, 아일랜드 청년당은 감자 수확이 끝나는 대로 곧장 독립 혁명을 시작하기로 결정했다. 그 거사 계획이 감옥에 갇혀 있던 더피에게 전달되었다. 탈옥하고 싶은 마음은 굴뚝같았지만, 갇힌 몸으로 할 수 있는 일은 엄청난 악조건을 무릅쓰고 봉기가 성공하기를 빌면서 기다리는 것뿐이었다.

승산 없는 싸움

윌리엄 스미스 오브라이언은 45세였다. 여태까지 단 한 번도 지도자가 되겠다는 야망을 품은 적이 없는 사람이었다. 그러나 떠안긴 지도자 자리를 순순히 받아들였다. 오브라이언은 절대로 전쟁을 원하지 않았을 것이다. 아마도 그는 무장 시위를 보고 영국 정부가 이성을 찾기를 바랐을 것이다. 1848년 7월 23일, 오브라이언은 리머릭 주 케어모이얼에 아내와 다섯 자녀를 남겨 둔 채 말을 타고 아일랜드 남부 전역을 돌기 시작했다. 아일랜드 노동자를 모아 대규모 반란군을 양성하기로 결심했던 것이다.

　오브라이언이 가는 곳마다 주민들은 초록빛 나뭇가지를 흔들며 환호성을 질렀고, 존경의 뜻으로 횃불을 피워 올렸다. 오브라이언은 자신을 반겨 주는 수많은 군중에게 불같이 뜨거운 연설을 토했다. 그는 노동자들 앞에서 아일랜드의 토지제도를 개혁해야 한다고 부르짖

윌리엄 스미스 오브라이언을 비롯한 지도부가 캘런, 캐리크, 캐셜, 킬러놀, 멀리나흔,
발린가리 등 아일랜드 남부 지역을 돌며 반란군을 모았다.

-『일러스트레이티드 런던 뉴스』, 1848. 8. 12.

었다. 아일랜드인을 죽음과 굶주림과 궁핍과 강제 퇴거로부터 구할 길은 그것뿐이라고 했다. 소작농에게는 농민의 권리를 일깨웠다. 지주가 소유한 땅의 토질을 개선해 준 것에 대해 보상을 받아야 마땅하고, 빌려 쓰는 임차인의 권리를 보장받고 강제 퇴거를 막기 위해 소작제도를 뜯어고쳐야 한다고 주장했다.

군중의 환호에 고무된 오브라이언은 노동자들과 중산층이 혁명을 원한다고 믿었다. 그는 혁명의 대의를 이루기 위해 지원을 약속해 달라고 당부했다. 결혼한 남자는 식구들 곁에 남고 일자리가 있는 사람은 일터에서 열심히 일하라고 했다. 그러나 일자리가 없는 독신 남자라면 입대해 달라고 신신당부했다. 오브라이언은 신사 부대가 되어야 한다면서, 사유재산을 약탈하는 행위를 해서는 안 된다고 단단히 못 박았다.

노동자들이 지원하겠다고 나섰다. 오브라이언은 입대 자원자들에게 말했다. 모두 집으로 돌아가 각자 빵과 비스킷 등 사흘 치 식량을 마련해 와서 전투 준비를 하자고 했다. 그러나 집으로 돌아간 수많은 자원자는 끝내 나타나지 않았다. 오브라이언은 지주계급이라는 특권층이었기에 노동자들이 빵과 비스킷을 가져올 형편이 안 된다는 것을 몰랐던 것이다. 그들이 입대를 자원한 것은 식량을 얻을 수 있다는 바람 때문이었다.

오브라이언이 미처 알지 못한 것은 또 있었다. 교구 신부들이 혁명을 방해하고 나섰다는 사실이었다. 오브라이언이 집회를 마치고 자리를 뜨면 신부들이 어김없이 나타나 노동자들을 붙잡고 반란에

반란군이 봉쇄한 발린가리 대로.

-『일러스트레이티드 런던 뉴스』, 1848. 8. 12.

끼어들지 말라고 설득했다. 신부들은 깡마른 노동자로 구성된 부대로는 영국을 물리칠 수 없다는 데 뜻을 모았던 것이다. 한 신부는 이렇게 설명했다. "물거품이 될 게 뻔한 싸움을 벌이겠다는데 신부로서 그냥 두고 볼 수는 없었어요." 신부들의 지원도 없이 반란에 성공할 수 있을지 회의적이었다.

그해 7월 29일 토요일. 오브라이언은 경찰대가 발린가리로 몰려오고 있다는 소식을 들었다. 남녀 200명이 그 작은 마을을 방어할 태세를 갖추었다. 큰길에 바리케이드를 치고, 저마다 자리를 잡았다. 총을 든 남자 20여 명이 야트막한 언덕에 올라가 망을 보았다. 곡괭이, 낫, 쇠스랑으로 무장한 남자 80여 명은 도랑에 진을 쳤다. 그 나머지 남자와 여자 들은 도랑에 숨어 돌팔매질을 할 준비를 했다.

경찰대가 발린가리에 거의 다 왔다. 지휘관인 톰 트랜트 경위는 쌍안경으로 주위를 살피다 바리케이드를 발견했다. 경위는 부하들에게 정렬하라고 명령했다. 경찰이 대열을 이루어 진격해 오는 것을 보고 반란군은 흥분을 억누르지 못했다. 경찰을 향해 함성을 지르고 야유를 퍼붓고 사기를 드높이며 싸울 태세를 갖추었다. 뜻밖에도 경찰대열이 별안간 무너졌다. 경찰들이 몸을 휙 돌려 걸음아 날 살려라하고 저 너머 언덕에 있는 2층짜리 돌집으로 내달았다. 그곳이 다름아닌 매코맥 과부네 집이었다.

반란군은 다들 자기 눈을 의심했다. 경찰이 도망치다니! 경찰이내빼고 있다니! 오브라이언의 명령을 기다릴 것도 없었다. 언덕 위에서, 도랑에서, 반란군은 함성을 내질렀다. 그러고는 경찰을 잡으려고

경찰대가 매코맥 농가로 피신해 바리케이드를 친 뒤,
열흘도 못 가 끝나고 말 봉기가 본격적으로 시작되었다.

―『일러스트레이티드 런던 뉴스』, 1848. 8. 12.

득달같이 언덕을 뛰어갔다.

아일랜드 백성은 겁쟁이가 아니다

매코맥이 자기네 집에서 끔찍한 일이 벌어졌다는 사실을 어떻게 알았는지에 관해서는 정확히 알려져 있지 않다. 어쩌면 반란군이 손에 쇠스랑과 낫을 들고 경찰을 뒤쫓는 광경을 직접 보았을 수도 있다. 총소리를 들었을지도 모른다. 또 지나가던 사람한테 들었을 가능성도 있다. 어떻게 알았든, 매코맥은 허겁지겁 집으로 달려갔다. 창문은 가구로 막아 놓았고 총소리가 요란하게 났다. 자기네 집 앞마당에서 전투가 벌어지고 있었고, 아이들 모습은 어디에도 보이지 않았다.

제정신을 잃은 매코맥은 텃밭 문께로 뛰어가 집 안에 있는 경찰에게 소리쳤다. 제발 발포를 중지하고 아이들을 만나게 해 달라고 애원했다. 경찰은 거부했다. 그 대신 반란군에게 협상할 용의가 있다고 전해 달라고 했다.

매코맥은 경찰 말을 듣고 중재자 노릇을 하기로 했다. 반란군 지휘관을 찾으려고 두리번거리는데 한 남자가 눈에 띄었다. 텃밭 문께로 슬금슬금 기어 집 쪽으로 접근하던 그 남자는 다름 아닌 윌리엄 스미스 오브라이언이었다. 매코맥은 남자를 불러 퇴각 명령을 내려 달라고 애걸했다. 오브라이언이 그럴 수 없다고 하자 자기 자식들이 집 안에 포로로 붙잡혀 있다고 하소연했다. 그러면서 아이들을 무사

207

매코맥 부인에게 아이들이 인질로 붙잡혀 있다는 이야기를 들은 오브라이언은 경찰이
제안한 협상에 응하기로 했다. 이 그림은 오브라이언이 창문으로 손을 뻗어 경찰과 악
수하는 장면이다. -『일러스트레이티드 런던 뉴스』, 1848. 8. 12.

히 구해 낼 방법을 찾아 달라고 부탁했다. 그제야 오브라이언은 경찰과 애기해 보기로 했다.

매코맥은 앞서 가는 오브라이언을 쫓아 집 뒤로 돌아갔다. 세 남자가 건초 더미에 불을 붙이려고 애쓰고 있었는데 불이 잘 붙지 않았다. 연기를 피워 경찰을 밖으로 끌어내려는 모양이었다. 오브라이언이 세 남자에게 멈추라고 명령한 뒤 이렇게 말했다. "이분은 매코맥부인이다. 협상할 뜻이 있다는 경찰의 전갈을 갖고 왔다."

집에 접근하는 것은 위험했다. 하지만 매코맥은 오브라이언을 따라 창문께로 갔다. 창문 아래쪽은 막혔지만 위쪽은 뚫려 있었다. 매코맥 부인이 다가와 곁에 서자, 오브라이언이 창턱께로 올라가서 안에다 대고 소리쳤다. "무기를 버리고 항복하기 바란다. 우리는 너희를 단 한 사람도 해치지 않겠다. 너희도 아일랜드 동포가 아닌가."

경찰은 총을 쏠 수 있었는데도 오브라이언을 쏘지 않았다. 총을 쏘기는커녕 서너 명이 창문으로 손을 내밀었다. 오브라이언은 그 손을 맞잡고 이렇게 말했다. "우리가 원하는 것은 너희 목숨이 아니라 무기다." 그다음에 무슨 일이 벌어졌는지는 불분명하다. 반란군 측에서 먼저 돌을 던져 박공지붕 처마가 깨지고 창문 유리창들이 박살났는지, 아니면 긴장한 경찰이 먼저 총을 쏘았는지는 정확하지 않다.

아무튼 카빈총 40정을 일제히 발포하는 소리가 요란하게 울려 퍼졌다. 두 사람이 즉사했고, 한 명은 중상을 입고 나중에 사망했으며, 한 명은 부상을 입었다. 반란군도 응사했지만, 경찰의 화력을 당할 재간이 없었다. 반란군은 쇠스랑, 낫, 곡괭이를 버렸다. 그러고는

일주일간 숨어 지낸 윌리엄 스미스 오브라이언은
티퍼레리 주 서를스 철도역에서 체포되었다.

-『일러스트레이티드 런던 뉴스』, 1848. 8. 12.

뿔뿔이 흩어져 도망쳤다. 앞서 가던 동료가 엎어져도 등을 밟고 죽어라 뛰었다. 돌담 뒤로 몸을 숨기기도 하고, 도랑에 납작 엎드리기도 하고, 조금 멀찍이 떨어진 낡은 석회가마 속으로 숨어들기도 했다. 훗날 한 기자는 그 광경을 이렇게 보도했다. "숨을 구멍만 있으면 우르르 달려가 몸을 숨겼다."

반란군 지도자들은 오브라이언에게 그따위 오합지졸을 해산하라고 촉구했다. 그러면서 발린가리로 퇴각해 신병을 모집하는 것이 좋겠다는 의견을 냈다. 오브라이언은 이렇게 반박했다. "오브라이언 군대는 적을 눈앞에 두고 절대로 도망친 적이 없소이다." 그러고는 트랜트 경위의 것으로 보이는 포획한 말을 타고 부하들이 피신한 도랑과 석회가마로 갔다. 오브라이언은 열심히 설득했으나 부하들의 마음을 돌려놓지는 못했다. 오브라이언은 싸움터에서 그냥 떠날 수밖에 없었다.

1848년 봉기가 끝났다. 이 봉기에서 경찰은 모두 탄알 250발을 쏘았고, 마을 주민 둘이 사망하고 여럿이 부상을 당했다. 경찰과 형사들은 윌리엄 스미스 오브라이언을 잡으려고 티퍼레리 주 농촌을 샅샅이 뒤졌으나 허탕을 쳤다. 오브라이언은 가족이 있는 집으로 돌아가려고 철도역에 나갔다가 체포되었다. 토머스 프랜시스 미거와 테런스 맥매너스도 붙잡혔다. 세 사람은 재판에서 대역죄가 인정되었고, 목을 매단 채로 내장을 도려내고 몸통을 네 토막 낸 뒤 목을 베는 극형을 선고받았다.

잔인무도하고 야만스러운 판결이었지만, 세 사람은 사면을 청하지 않았다. 영국 정부는 반란군 지도자를 순교자로 만들고 싶지 않았으므로 종신 유배형으로 바꾸었다. 윌리엄 스미스 오브라이언, 토머스 프랜시스 미거, 테런스 맥매너스, 찰스 개번 더피는 오스트레일리아 유배지로 추방되었다.

많은 사람이 그 실패한 봉기를 딱하기 짝이 없는 촌극으로 여겼다. 죽음과 굶주림, 강제 퇴거, 이주에 항거하는 어설픈 몸부림으로만 보았다. 그러나 한 신문기자는 달랐다. 봉기가 일어난 지 24시간도 안 되어 현장에 도착한 기자는 반란군을 이끈 지도자와 반란에 가담한 사람들, 매코맥 부인과 그 집 아이들의 용기에 감탄했다. 『일러스트레이티드 런던 위클리』지의 그 기자는 이렇게 썼다. "그들의 봉기는 놀라웠다. 하찮은 농기구로 무장하고 들고일어난 농민은 경찰이 점거한 집을 빼앗는 데는 실패했지만, 대담무쌍하게 경찰과 맞서 그 집을 빼앗으려고 시도했다……. 아일랜드 백성은 겁쟁이가 아니다. 그리고 그 사실은 스스로도 잘 안다."

영국 정부 지도자들은 반란에 가담한 아일랜드 노동자들의 용기가 달가울 리 없었다. 지난 3년 동안 돈과 일자리와 의류와 식량을 원조해 준 자신들에게 맞서 감히 들고일어나다니, 배은망덕하기 짝이 없는 반란군에게 격분할 따름이었다. 반란 소식을 보고받은 빅토리아 여왕은 이렇게 회신을 보냈다. "아일랜드 백성을 따끔하게 가르쳐야 할 것입니다. 그냥 두면 또다시 일을 벌일 것이에요."

◌◍◌ 10장

여왕 폐하 맞이하러 코크에 가세나

**스키베린에서 죽은 사람들아 일어나소
여왕 폐하 맞이하러 코크에 가세나**

—항간에서 불리던 짧은 노래(1849)

1848년은 희망차게 출발했으나, 엎치고 덮친 시련으로 끝났다. 경찰이 윌리엄 스미스 오브라이언을 비롯하여 실패한 봉기 지도자들을 잡으려고 마을 곳곳을 샅샅이 뒤지는 사이, 농민과 농업 노동자 들은 소름 끼치는 사실을 발견했다. 1846년만큼이나 지독한 감자 역병이 되살아난 것이다.

8월에 비가 거세게 퍼부으면서 감자 역병은 급속하게 번져 나갔다. 하룻밤 사이에 밭마다 감자 잎줄기가 시들시들하고 온통 까맣게 변했다. 농민들은 부랴부랴 햇감자를 캐서 시장에 내갔지만 헛수고였다. 캘 때는 싱싱해 보이던 감자조차 물컹거리더니 이내 악취를 풍

213

기며 썩어 갔다. 9월 무렵에는 감자가 죄다 썩어 버렸다.

9월에도 비는 그칠 줄 몰랐다. 아니, 더욱더 거세게 퍼부어 댔다. 들판에 베어 놓은 건초 더미가 둥둥 떠다닌다는 보고가 줄을 이을 정도였다. 날이 습해서 구더기며 밀혹파리가 급속도로 늘어나 득실거렸다. 비가 너무 많이 내린 탓에 밀 줄기에서 싹이 텄고 귀리에는 깜부기가 생겼다.

엘리자베스 스미스는 일기에 이렇게 적었다. "감자는 한 알도 건지지 못했다. 곡식은 대부분 흰가룻병에 걸렸고, 반쯤 베다 둔 꼴 풀은 세찬 빗줄기에 다 쓰러져 버렸다. 소들도 제대로 자라질 못하고 있다……. 다가올 겨울을 생각하니 암울하다."

암울하다 못해 끔찍한

다가올 겨울을 생각하면 암울하다 못해 끔찍했다. 이번 감자 흉작으로 아일랜드인은 두 번 다시 일어서기 힘든 결정적 타격을 입었다. 그러나 영국 정부는 눈곱만큼도 측은하게 여기지 않았다. 오히려 감히 들고일어나 자신들과 맞서려 한 배은망덕한 자들이라며 분개했다. 당시 영국 총리 존 러셀 경은 어느 편지에서 이렇게 썼다. "우리는 아일랜드인에게 기부를 하고, 일자리를 마련해 주고, 위로 방문을 하고, 옷가지를 나눠 주었습니다. 그런데 답례로 받은 것은 반란과 비방밖에 없어요. 앞으로는 돈도 일자리도 옷가지도 아무것도 베풀지 말고 저들이 어떻게 하는지 두고 봐야겠습니다." 영국 정부 지도자들의 중론은 아일랜드인들이 스스로 저지른 행동의 죗값을 달게 치러야 한다는 것이었다.

영국 지도자들은 정부의 임시 구호 조치를 전면 중단했다. 오직 아일랜드 구빈법에 따라 예전부터 실시하던 조치만 남기고 아일랜드의 각 구빈 조합에 빌려 주던 자금도, 의류를 배에 실어 보내던 것도 중단했다. 아일랜드 노동자에게 구빈원과 공공 근로가 필요하면, 거기에 필요한 비용은 지방세를 내는 아일랜드 납세자가 물어야 마땅하다고 했다. 그것을 확실히 보여 주려는 듯 영국 재무부 사무차관 트레벨리언은 즉각 지방세를 올렸다.

지방세가 인상되자 납세 의무가 있는 농민들 가슴에 두려움이 서렸다. 세금을 내지 못하면, 군대와 경찰대가 모든 토지를 점거할 것이 뻔했기 때문이다. 밭에 곡식이 무럭무럭 자라고 있다고 사정을 봐줄 자들도 아니었다. 가을걷이를 못하면 소작료를 못 낼 테니 결국은 꼼짝없이 강제로 쫓겨날 수밖에 없었다. 엄청난 두려움에 휩싸인 나머지 토지 점유권을 지레 포기하는 농민이 속속 생겨났다. 이주할 돈이라도 마련할 수 있을 때 아일랜드에서 벗어나는 게 낫겠다는 판단에서였다. 윌리엄 블레이크는 이렇게 말했다. "그냥 문을 닫아 놓고 몸만 빠져나가면 그만이었죠. 워낙 챙겨 갈 것도 없고 농지를 처분할 수도 없었으니까요."

지주들도 곤경에 빠지기는 마찬가지였다. 소작료를 받지 못하면 지방세를 못 낼 테니, 토지를 빼앗길 위험이 컸다. 더러는 큰돈을 빌

세 번째 감자 흉년이 든 이후,
또다시 대규모 이주 행렬이 줄을 이었고 강제 퇴거가 대대적으로 시작되었다.

-『일러스트레이티드 런던 뉴스』, 1850. 2. 9.

리고 담보로 잡힌 사유지를 팔아 치우고 싶은 지주들도 있었다. 하지만 그러려면 법에 따라 먼저 빌린 돈부터 전부 갚아야 했다. 지주 가운데도 절망에 빠져 소유권을 포기한 채 이주길에 오르는 사람이 속출했다. 그들이 버려둔 토지는 황폐해졌다.

또다시 이민 물결이 거의 모든 마을과 도시를 휩쓸면서, 드넓은 토지에 사람 그림자도 얼씬하지 않는 지역이 많았다. 손님이 없으니 소매상도 도매상도 가게 문을 닫았다. 도시의 가게들도 덧문까지 닫아걸었고 유리창 깨진 곳은 종이로 틀어막아 놓았다. 술집들도 장사를 접었다. 가게 문과 벽에 알림문이나 광고 전단만 덕지덕지 나붙었다. 아일랜드 전역에서 버터, 베이컨, 가축 시장이 무너졌다. 한때 정신없이 바쁘던 창고들은 한산했고 부두는 텅텅 비었다.

그나마 지주와 부농은 피해가 적었다. 소농과 노동자가 겪은 고통은 이루 말할 수 없이 컸다. 이들은 이주비조차 마련하기 힘들었다. 법이 개정되면서 그새 뱃삯이 올랐기 때문이다. 구빈법이 엄격히 시행될수록 소농과 노동자가 할 수 있는 것은 오로지 고통을 참는 일뿐이었다. 성인 남자와 나이 많은 소년이 공공 근로 현장에서 하루 여덟 시간씩 돌을 깨도 고작 옥수숫가루 1파운드밖에 받지 못했다. 어느 신부는 공공 근로 현장에서 일하는 사람들을 "구부정하게 등이 휘고 비쩍 말라서 허청거리는 허깨비" 같았다고 묘사했다. 나중에는 노동 시간마저 열 시간으로 늘어났다.

극빈자가 무더기로 구빈원에서 쫓겨났다. 누군가는 교도소를 피난처로 삼았다. 감옥에 갇혀 있으면 하루 한 끼일망정 꼬박꼬박 먹을 수 있었기 때문이다. 제발 잡아가 달라는 듯이, 경찰이 뻔히 보는 앞에서 일부러 돌을 던져 가로등이나 상점 유리창을 깨뜨리기도 했다. 무슨 수를 써서라도 아일랜드에서 벗어나고 싶었던 어린이나 청소년은 일부러 범죄를 저질렀다. 잡히면 유배지로 보내 달라고 애걸했다. 한 소년에게 이유를 묻자 이렇게 설명했다. "발목에 쇠고랑은 차겠지만 먹을 수는 있잖아요. 그보다 더한 일도, 아무것도 못 먹고 밤에 한데서 자는 것보다는 나을 거예요."

갈수록 소년 범죄자가 늘어나자 영국 당국은 당황했다. 특히 영국이 유배지로 쓰던 해외 식민지 총독들이 범죄자로 보기에는 아이들 행동이 너무도 착실하다며 불만을 터뜨렸을 때는 더 그랬다. 해외 식민지 총독들은 어린이를 나이 많은 범죄자와 함께 두고 일반 죄수처럼 다루는 것은 부당하다는 사실도 지적했다. 영국 정부는 어떻게든 조치를 취해야 한다는 것을 깨달았다.

토지 약탈자

지주나 농민도 견디기 어려울 만큼 삶은 나날이 팍팍해져 갔다. 그런 마당에 영국 정부는 아일랜드의 재원을 공평하게 분배하겠다는 취지로 부조세 징수법Rate-in-Aid을 가결했다. 이것은 부유한 구빈 조합이 운영이 어렵거나 파산한 구빈 조합에 재정을 지원해야 한다고 규정한 법령이었다.

지방세 납부자들은 거세게 저항했다. 지방세를 이미 한 차례 인상했는데, 또다시 세금을 더 내라니. 그들은 아일랜드 납세자한테만 그런 부담을 지우는 것은 불공평하다고 목소리를 높였다. 영국, 스코틀랜드, 아일랜드가 합병법에 조인한 만큼, 세 나라가 똑같이 도와야 마땅하다고 영국 정부에 따졌다. 그러나 항변은 먹혀들지 않았다. 1849년 5월에 부조세 징수법이 가결되면서, 아일랜드 구빈 조합에서 부담해야 하는 지방세는 32만 5,000파운드[약 500억 원]에 육박했다.

영국 정부는 지방세 인상만으로는 아일랜드를 구하기 어렵다는 것을 익히 알고 있었다. 수많은 지주가 새로 부과한 지방세를 낼 돈이 없고 토지를 지키기 위해 투자하기도 어렵다는 사정까지 훤히 꿰고 있었다. 더 나아가 사유지를 팔고 싶어 하는 지주가 많다는 사실까지도 파악하고 있었다.

영국 정부는 부유한 영국 투기꾼을 부추겼다. 아일랜드 토지를 매입하고 개량 사업에 투자하기를 바랐다. 이를테면 새로운 토지 소유주가 경작 방식을 개선하여, 감자가 아닌 다른 곡물을 재배하기를 기대했던 것이다.

영국 의회는 그 목적을 달성하기 위해 1849년 7월에 저당 부동산 개정법을 가결했다.(저당 부동산법을 처음 제정한 것은 1848년이다.) 이 개정법에 따라, 지주는 빚을 먼저 갚지 않고도 저당 잡힌 부동산을 팔 수 있게 되었다. 또 정부는 저당 잡은 부동산을 지주의 동의 없이 매각할 수 있는 권리를 보장받았다.

터무니없이 값이 떨어진 아일랜드의 토지를 너도나도 앞다퉈 사

브라이언 코너가 클레어 주 킬러시 구빈원 근처에 있는 반토 굴집 바깥에 앉아 있다.
대기근 시기에, 자기 집에서 강제로 쫓겨난 사람은 25만 명이 넘었다.

-『일러스트레이티드 런던 뉴스』, 1849. 12. 22.

들였다. 실망스럽게도 영국 정부의 바람과는 달리, 새로 토지를 사들인 사람은 영국인이 아니었다. 그도 그럴 것이 황폐한 아일랜드에 투자하려는 영국인은 없었다. 토지를 새로 사들인 사람은 대부분 아일랜드의 부유한 지주나 상인이었다.

또 다른 토지 매입자는 '토지 약탈자'로 통하는 부농이었다. 인근 주민이 죽거나 이주를 하면 헐값에 토지를 사 모았고, 현금을 주면서 토지 점유권을 팔라고 꼬드겼다. 킬케니 주에 사는 마틴 브레스낙은 이렇게 말했다. "약탈이 횡행했어요. 여윳돈이 조금이라도 있는 농민은 기를 쓰고 지주나 마름을 찾아다녔죠. 그러고는 점유권만 넘겨주면 자기가 소작료를 갚겠다고 알랑거렸어요."

새로운 토지 소유주들은 텅 빈 땅을 원했다. 그래야 낙농업과 축산업을 확장할 수 있었기 때문이다. 이들은 새로 사들인 땅에서 소작농을 인정사정없이 쫓아냈다. 또다시 무자비한 강제 퇴거와 철거 바람이 불었다. 네드 버클리는 이렇게 말했다. "그 어떤 침략군도, 이웃에 살던 같은 동포인 그 부농들보다 무자비하지는 않았을 겁니다."

영국 정부는 아일랜드의 개혁을 내세워 부조세 징수법과 저당 부동산 개정법을 시행했으나 헛일이었다. 아일랜드는 무너질 대로 무너졌다. 22개 구빈 조합이 파산했고, 40~50여 개 구빈 조합은 파탄 직전에 놓였다. 애초에 예상한 구빈원 수용 인원은 11만 4,000명이었다. 그런데 그 두 배에 가까운 20만 명이 구빈원에서 바글거렸다. 구빈원에서 주는 식사는 가까스로 굶어 죽는 것을 면할 정도였다. 굶주리고 질병에 걸린 사람들이 구빈원 안팎에서 죽어 가고 있었다.

캐슬린 헐리는 당시 상황을 이렇게 전했다. "사람들이 이루 말할 수 없는 고통에 시달리다 지쳐 쓰러졌어요. 우리 아버지가 길섶에 쓰러져 죽은 사람들을 보았는데, 차마 눈 뜨고 보기 힘들 만큼 끔찍했대요. 살가죽과 뼈가 딱 붙은 앙상한 시신들이 입에 풀을 한가득 물고 있더래요. 풀물이 턱과 목으로 뚝뚝 떨어졌고요."

1849년 무렵 아일랜드는 이미 쑥대밭이 되어 버려서 자선단체로서도 더는 구호 활동을 벌일 수 없었다. 감자 역병이 처음 발생한 1845년부터 민간 자선단체가 아일랜드에 기부한 금액은 100만 파운드[약 1,500억 원]가 넘었다. 그러나 이제는 기부금도 활동가들의 기운도 바닥나 버렸다. 그해 6월, 종교 친우회도 자선 활동에서 손을 뗐다. 정중하지만 단호하게, 아일랜드의 재난은 자신들이 도울 수 있는 능력을 넘어선 일이라고 밝혔다. 그러면서 영국 정부는 아일랜드를 구제할 기금을 조성하고 계획을 마련할 능력이 있다고 일침을 놓았다. 아일랜드 감자 대기근 때 퀘이커교도가 낸 기부금은 총 20만 파운드[약 300억 원]였고, 공들인 시간은 이루 헤아릴 수 없었다.

환영합니다, 환영합니다

클래런던 아일랜드 총독은 상식 밖의 처방을 내놓았다. 빅토리아 여왕의 방문이 아일랜드 백성에게 치유제가 될 것이라고 했다. 영국 여왕이 찾아오면 아일랜드 백성의 사기가 드높아지고 아일랜드 시장

거래도 활기를 띨 것이라고 믿었다.

클래런던 총독의 제안은 정말이지 뜻밖이었다. 아일랜드인이 영국인에게 품고 있는 적대감으로 봐도 그렇고 아일랜드의 당시 상황으로 볼 때도 그랬다. 영국에서 빅토리아 여왕은 인기도 좋고 칭송도 높았다. 이제 30세가 된 젊은 여왕은 상냥하고, 남편인 앨버트 대공과 여섯 자녀에게도 헌신했다. 그러나 과연 아일랜드 백성은 영국 여왕을 어떻게 생각했을까.

클래런던 총독은 빅토리아 여왕이 아일랜드 백성에게도 인기가 높을 것이라고 확신했다. 당연히 아일랜드 백성이 영국 여왕을 환영하리라 믿었다. 영국 여왕이 행차한다는 것은 곧 자신들이 버림받은 게 아니라는 사실을 보여 주는 일일 테니, 아일랜드 백성들이 모자를 벗어 여왕을 향해 흔들면서 "케드 밀레 폴체"CÉAD MÍLE FÁILTE를 외칠 것을 조금도 의심하지 않았다. 이 아일랜드 말은 백 번 천 번 환영한다는 뜻이다. 클래런던 총독은 계획을 세우고 1849년 8월로 예정된 여왕 행차를 환영할 준비를 시작했다.

그해 여름내 아일랜드인은 열흘 예정으로 방문하는 여왕을 맞을 준비를 했다. 클래런던 총독은 비용을 절약하기를 바랐지만, 실무진이 준비한 것은 터무니없이 호화로웠다. 더블린에서는 아일랜드 목수를 한 부대 동원해 낡은 도시를 탈바꿈시켰다. 여왕의 행렬을 잘 볼 수 있도록 발코니에 계단식 좌석도 만들었다. 여왕 행렬이 지나갈 길목에 개선문까지 세웠다.

더블린 시장은 여왕을 위해 도시 전체를 환히 밝힐 계획을 세웠

클래런던 총독은 빅토리아 여왕이 왕림해 아일랜드 백성의 사기를 드높이고
교역을 장려해 주기를 희망했다.

-『일러스트레이티드 런던 뉴스』, 1849. 8. 4.

다. 창문마다 거리마다 조명등을 달게 했다. 상인과 도붓장수는 창문과 거리에 불을 밝힐 수 있는 가스등, 양초, 양철 초롱 따위를 팔았다. 집주인은 페인트칠을 하고 집을 단장했고, 가게 주인은 창문 유리창을 닦고 최상품을 진열해 놓았다. 시민은 큰길, 작은 골목, 마당까지 싹싹 쓸고 박박 문질렀다. 한 기자는 이렇게 보도했다. "사람들이 이리 뛰고 저리 뛰고 허둥거리며 쓸고 닦고 미화 작업을 한 것은 유례없는 일이었다."

여왕의 도착 예정일이 다가오면서, 신문들은 더블린에 도착한 귀족 명단을 그날그날 발표했다. 여성 모자 제조업자, 남성 의류업자, 여성 의류업자는 여왕 알현을 바라는 신사 숙녀 고객을 겨냥해 모자며 양복이며 드레스를 만드느라 눈코 뜰 새 없었다. 호텔과 하숙집을 비롯한 숙박업소마다 손님이 꽉꽉 찼고, 일반 민가까지도 방을 세놓고 잠자리를 빌려 주었다. 심지어 여왕 행렬을 보고 싶어 하는 관광객에게 돈을 받고 창가 자리를 팔기도 했다. 여왕의 안전을 위해 추가로 파견한 부대가 더블린 외곽 피닉스 파크에 주둔했다.

어느 마차 제조업자는 여왕과 왕족이 탈, 영국 왕실을 상징하는 로열 블루로 색칠한 고급 마차를 만들어 달라는 의뢰를 받았다. 그는 마차 양쪽 측면에 영국 왕실을 상징하는 문장을 그려 넣고 마차 안쪽에는 로열 블루 천으로 띠를 둘러 장식했다. 마차 바퀴에는 로열 블루와 하얀색을 번갈아 칠했다. 한 신문은 이렇게 단언했다. "그것은 아일랜드인이 만든 제품 중에서 단연 압권이었다."

일각에서는 곧 있을 여왕의 방문을 비판했다. 한 신문은 사설에

여왕 행렬이 더블린의 개선문을 지나고 있다. 여왕이 탄 마차 가격은
500파운드[약 7,500만 원]가 넘었다.

-『일러스트레이티드 런던 뉴스』, 1849. 8. 11.

서 빅토리아 여왕은 아일랜드에서 가장 비참한 지역은 둘러보지 않을 것이라고 꼬집었다. 비참한 노동자, 굶주리는 농민, 지붕 없는 움막, 퇴거당한 소작농, 오갈 데 없는 사람들로 미어터지는 구빈원을 시찰하는 일 따위는 없을 것이라고 지적했다. 다른 신문들도 가난에 찌든 아일랜드인 수천 명이 굶주림과 질병으로 죽어 가는 마당에, 여왕 행차 준비에 막대한 돈을 쏟아부었다며 비판했다.

어떤 이는 더블린에 사는 가난한 사람들 가운데 질병으로 한쪽 부모나 자식을 잃지 않은 집이 거의 없다면서 이렇게 일침을 놓았다. "여윳돈이 있으면 조명등이 아니라, 굶주림에 시달리는 여왕 폐하의 백성을 위해 쓸 일이다."

스키베린에서 죽은 수백 명을 기억하는 사람들은 이런 노래를 불렀다. "스키베린에서 죽은 사람들아 일어나소. 여왕 폐하 맞이하러 코크에 가세." 더러는 기근에 찌든 나라에서 여왕에게 바치는 최고의 환영식은 장례 행렬이 아니겠느냐고 비꼬았다.

여왕 폐하께서 대단히 흐뭇해하셨다

환영 분위기를 뜨겁게 달구는 데 성공했다. 8월 2일 토요일 저녁, 코크 항구에 군중이 즐비하게 들어섰다. 왕실 요트가 모습을 보이자, 군함과 포병 부대가 여왕을 기리며 축포를 쏘았다. 언덕 꼭대기에서는 횃불이 활활 타올랐고, 공중에서는 로켓 불꽃이 팡팡 터졌고, 도

여왕에게 감동을 주기 위해, 불꽃을 터뜨리고 조명등을 밝히는 데 아일랜드 백성이 들인
돈은 어마어마했다. 8월 2일에 왕실 요트가 코브에 도착하자, 항구가 환히 밝아졌다.

-『일러스트레이티드 런던 뉴스』, 1849. 8. 11.

시 전체에 조명등이 환히 빛났다.

한 사유지에서 하인들이 너무나 들뜬 나머지 횃불을 피울 불쏘시개에 타르를 너무 많이 쏟아붓고 말았다. 그 실수로 14에이커*나 되는 전나무 숲이 홀라당 불타 버렸다. 그것이 사고였다는 사실을 알 길이 없는 여왕은 엄청나게 큰 불을 피워 자신에게 경의를 표한다고 생각했다. 한 신문 기자는 이렇게 말했다. "여왕 폐하께서 그 강렬한 환영에 대단히 흐뭇해하셨다."

그다음 날 아침, 강에는 증기선, 쌍돛배, 외돛배, 요트가 빽빽이 몰려들었고, 강둑에는 여왕과 왕족을 열렬히 보고 싶어 하던 수천 명이 줄줄이 늘어섰다. 여왕이 갑판에 모습을 드러내는 순간 군악대가 영국 국가를 연주하자 모두 한목소리로 「신이여 국왕을 지켜 주소서」를 노래했다.

빅토리아 여왕은 작은 거룻배를 타고 항구를 천천히 둘러본 다음, 코크 주 코브 땅에 내렸다. 여왕이 아일랜드 땅에 첫발을 내딛는 순간 환호성과 만세 소리가 우렁차게 울려 퍼졌다. 여왕이 특별히 만든 누각에 올라서자 손수건을 선물로 바쳤다. 굶주리는 아이들을 돕기 위해 설립한 많은 직업학교 가운데 하나인, 코크 수예 학교 학생들이 직접 수놓은 손수건이었다.

그 학교 학생이 만든 작품은 그뿐이 아니었다. 앨버트 대공의 아름다운 와이셔츠 앞바대와 공주 원피스 한 벌도 만들었다. 한 신문기

---

* 약 57,000제곱미터, 약 17,000평.

자는 이렇게 보도했다. "그 원피스는 구빈원에서 받아 주지 않아 2년 반을 기다린 끝에 수예 학교에 들어간 소녀가 만든 옷이다. 이제 코크 주 상류 사회 숙녀들이 왕실 의상실을 출입하는 귀부인들과 똑같은 의상을 입지도 구입하지도 못한다고 해서 수치스러워하는 일이 없게 되기를 기대한다." 빅토리아 여왕은 코브를 떠나기 전 이 도시 이름을 '퀸스타운'Queenstown으로 바꾸었다.

왕실 요트는 8월 5일 일요일에 킹스타운 항구에 도착했다. 이튿날 아침, 작은 배들이 왕실 요트를 빙빙 맴돌았다. 배에 탄 사람들은 월계수 가지를 흔들어 댔다. 여왕이 잠깐 갑판에 나왔다. 빨간 체크무늬 숄을 두르고 짚으로 만든 평범한 보닛을 쓴 차림이었다. 환호성을 터뜨리는 군중을 향해 여왕은 답례로 몇 번 고개를 끄덕여 주었다.

빅토리아 여왕은 일찌감치 말끔하게 단장한 더블린 총독 관저로 가서 그곳에 마련한 환영식에 참석했다. 여왕은 마차를 타고 시가를 지나 개선문을 통과했다. 여왕은 피닉스 파크에 주둔한 대규모 부대의 열병식을 참관한 뒤 벨파스트에 있는 리넨 교역 시장에 마련된 실잣기와 피륙 짜기 시범 행사를 둘러보았다. 그런 공식 축하 행사도 좋아했지만, 빅토리아 여왕이 가장 즐거워한 것은 지그 춤이었다. 아일랜드 남녀 한 쌍이 혼파이프 연주에 맞춰 즉흥적으로 경쾌한 춤을 선보였다.

클래런던 총독이 바라던 대로 이루어졌다. 이 방문 기간 동안 빅토리아 여왕과 아일랜드 백성은 서로서로 반했다. 여왕은 아일랜드

킹스턴 항구에서 여왕이 왕자와 공주를 소개하자 군중이 환호성을 터뜨렸다. 에드워드 7세
왕자(8세), 앨버트 왕자(5세), 앨리스 공주(6세), 빅토리아 공주(9세).

-『일러스트레이티드 런던 뉴스』, 1849. 8. 18.

백성의 고통을 절실히 느꼈다고 했다. 또 여왕은 삼촌에게 보낸 편지에서 헐벗고 깡마른 몸으로 하루하루 자신을 즐겁게 해 준 사람들에 관해 이렇게 썼다. "백부님께서도 아시겠지만 어디에서도 본 적이 없는 더없이 헐벗고 비참한 백성을 여기에서 보았습니다. 가장 비천한 계급일 것이 분명하건만, 여인들이 아주 매력이 넘칩니다. 까만 눈동자와 까만 머리도 뽀얀 살결과 하얀 이도 참으로 아름다워요."

빅토리아 여왕의 아일랜드 방문 마지막 날인 8월 12일, 여왕 일행은 킹스타운에서 왕실 요트에 올랐다. 아일랜드 백성은 항구에 줄지어 늘어서서 손을 흔들며 환송했고, 여왕은 아일랜드를 떠나야 하다니 '정말 유감'이라고 말했다.

영국 여왕이 찾아와서 머문 그 열흘 동안 아일랜드에서는 화려하고 성대한 행사가 열렸고 분위기는 한껏 달아올랐다. 그러나 여왕의 방문 효과는 그리 오래가지 않았다. 1849년 감자를 캘 때가 다 되었어도, 아일랜드의 기근이 끝날 날은 한참 멀었다. 세계에서 가장 막강한 제국의 여왕, 빅토리아는 아일랜드를 구할 수 있는 대책을 하나도 마련해 주지 못했다.

아일랜드인 남녀가 쌍쌍이 경쾌한 지그 춤을 추면서 여왕에게 기쁨을 선사하고 있다.

-『일러스트레이티드 런던 뉴스』, 1849. 8. 18.

빅토리아 여왕과 앨버트 대공이 킹스타운 항구에서 왕실 요트에 오르다가 손을 흔들어 보이며 아일랜드 백성에게 작별 인사를 하고 있다.

-『일러스트레이티드 런던 뉴스』, 1849. 8. 11.

⤜⤚ 나오며 ⤛⤙

요 몇 해 동안 머릿속을 영 떠나지 않는 것이……
— 아일랜드에서 전통적으로 옛일을 회상할 때 흔히 말문을 여는 말

1849년에도 감자 역병이 돌았다. 그러나 감자 농사를 망친 것은 아일랜드의 서부와 남부 지역뿐이었다. 다른 곳에서 거두어들인 감자는 대부분 싱싱했다. 1850년, 드디어 그토록 끔찍하던 대기근이 끝났다.

그다음 50년 동안 감자 역병이 몇 차례 더 발생했지만 대기근 때만큼 무서운 기세를 떨친 적은 없었다. 어느덧 감자는 예년처럼 무럭무럭 잘 자랐고, 그 후로도 30년이 넘도록 농업 노동자와 소농 들은 계속 감자를 주식으로 삼았다.

1850년에는 12에이커 이상의 토지를 점유한 농민들에게까지

폐허가 된 클레어 주 툴리그 마을을 한 남자가 외로이 걸어가고 있다. 소작농을 강제로 내쫓고 집을 철거한 지주에 관해 한 기자는 이렇게 밝혔다. "그 어떤 정복자도 그(지주)가 파괴한 흔적보다 더 뚜렷한 자취를 남긴 적은 없었다."

－『일러스트레이티드 런던 뉴스』, 1849. 12. 15.

투표권이 확대되었다. 대농과 중농이 힘을 합쳐 개혁 운동을 펼친 결과였다. 소농과 농업 노동자와 여성은 여전히 투표할 권리를 인정받지 못했다.

1853년에 영국 정부는 아일랜드 납세자들이 진 빚 400만 파운드[약 6,000억 원]를 탕감해 주었다. 영국은 아일랜드 대기근 구제 기금으로 총 700만 파운드를 썼다. 아일랜드 이주민이 고국에 송금한 금액은 모두 750만 파운드였다. 아일랜드 빈민을 구제하는 데 가장 많은 돈을 기부한 것은 아일랜드 지주층과 농민층이었다. 이들이 기부금과 구빈세로 낸 금액은 약 800만 파운드였다.

자식을 몰라본 어머니

감자 대기근은 아일랜드를 영원히 바꾸어 놓았다. 온 마을 모든 집을 빠짐없이 휩쓸었다. 아일랜드어와 몇백 년 동안 이어져 내려오던 전통과 민간 신앙은 거의 사라졌다. 대기근이 요정을 살해했다고 말하는 사람까지 있었다. "그 무렵 아일랜드에는 요정이 살았어요. 맞습니다. 영국의 압제가 살아 있는 사람뿐만 아니라 '선한 종족'인 요정까지 죽인 겁니다." 디어뮈드 오도노번 로사는 생애 마지막 무렵에 이렇게 말했다. 요정들이 무수히 많은 이민자를 따라 도망했다고 믿는 이들도 있었다.

역사가 대부분이 아일랜드 대기근 시기에 사망자는 100만 명이

237

넘고 이주민은 200만 명을 웃돈다고 추정한다. 정확한 수치는 영영 알 길이 없다. 흔적도 없이 사라진 사람이 헤아릴 수 없이 많았기 때문이다. 한 가지 예로 어머니가 사망하자 에니스 구빈원까지 걸어가서 관을 요청한 뒤로 8일 동안 기다린 소년 톰 퀸을 들 수 있다. 구빈원이나 교구, 훗날 실시한 인구 조사 기록 그 어디에서도 톰과 제임스 형제의 생존 여부를 확인하지 못했다.

자기 집에서 절대로 못 나간다고 버텼던 브리짓 오도넬을 추적하려면 더 멀리 가야 한다. 남편의 행방이 확실하지는 않지만, 아마도 브리짓네 식구가 강제로 집에서 쫓겨나기 얼마 전에 미국으로 이주한 것으로 보인다. 1850년 탑승객 명단 가운데 30세 된 브리짓 오도넬이라는 여자가 적어도 6세 된 딸 한 명을 데리고 아일랜드에서 영국 리버풀로 떠났다는 사실은 확인되었다. 그 여자는 리버풀에 있는 구빈원에서 몇 달을 지내다 뉴욕으로 떠났다. 먼저 미국으로 건너간 브리짓의 남편이 일자리를 얻은 다음 가족이 이주할 뱃삯을 보냈을 가능성이 있다.

디어뮈드 오도노번 로사는 1863년 32세 때 미국으로 가는 배를 타고 필라델피아에 정착한 어머니와 형제자매를 만나러 갔다. "밤이 되어서야 남동생이 산다는 집에 도착했어요. 어머니가 날 몰라보더군요. 손끝으로 내 이마를 문지르며 어렸을 적에 난 상처를 찾았죠. 물론 나도 처음엔 엄마를 알아보지 못했어요. 어깨에 숄을 두르고 보닛 모자를 쓴 어머니가 어찌나 늙었던지 처음에는 꼭 우리 할머니 같았습니다."

디어뮈드는 가족을 만나고 다시 아일랜드로 돌아갔다. 고향에서 훗날 페니언단Fenians으로 불리는 민족주의 단체를 세웠다. 이 단체 회원들은 아일랜드가 살 길은 영국의 지배에서 완전히 벗어나는 것이라고 믿었다. 그런 신념을 갖고 활동하다 1869년에 투옥되었다. 옥중에서 하원 의원으로 당선되었지만 막상 의원은 되지 못했다. 감옥에서 풀려난 뒤 곧장 미국으로 떠났다. 1871년에는 정치 경력이 화려한 '보스' 트위드*에 맞서 뉴욕 주 상원 의원 후보로 출마했지만 [상대측의] 부정 선거로 낙마했다. 그 후 주간신문『유나이티드 아이리시맨』편집자로 일했다.

　　아일랜드 청년당 지도자 윌리엄 스미스 오브라이언은 건강 악화로 1854년에 오스트레일리아 유형지에서 풀려났다. 1856년에는 완전히 사면을 받았다. 아일랜드로 돌아간 그는 영웅 대접을 받았다. 귀국한 지 8년 뒤 사망했다. 토머스 프랜시스 미거와 테런스 맥매너스는 1852년에 유형지를 탈출해 미국으로 건너갔다. 맥매너스는 샌프란시스코에 정착해서 가난하게 살다가 생을 마쳤다. 미거는 미국 남북전쟁 때 북군 대장으로 활약했고, 전쟁이 끝난 뒤 몬태나 주 임시 주지사로 임명되었다. 미주리 강에서 익사 사고로 사망했다.

　　존 미첼은 수감 생활을 하면서『옥중 일기』Jail Journal를 썼다. 이 책은 훗날 아일랜드 민족주의자들에게 민족정신을 고취했다. 1853년에 미국으로 탈출해 뉴욕에서 신문사를 세웠다. 그다음부터

---

*　미국의 정치인 윌리엄 매기어 트위드의 별칭으로, '보스'란 부정부패와 금권 정치에 깊숙이 관여한 정치 조직인 '태머니홀'의 회장을 지낸 데서 붙은 이름이다.

는 노예제도를 옹호하고 아일랜드 청년당 옛 동지들을 맹렬히 비판했다. 27년 뒤 아일랜드로 돌아갔고 의회 의원으로 선출되었다. 선출된 직후에 사망했다.

찰스 개번 더피는 1849년에 더블린 감옥에서 석방 투쟁을 벌였다. 3년 뒤 영국 하원 의원으로 선출되어 토지 개혁안을 가결시키기 위해 의원들을 설득했으나 실패했다. 토지 개혁안의 골자는 토지 개선에 힘쓰는 소작농에 대한 보상금 지급과 소작농의 강제 퇴거 방지였다. 훗날 오스트레일리아로 이주했고 성공회 빅토리아 교구의 목사로 임명되었다. 1873년에는 빅토리아 여왕에게 기사 작위를 받았다. 나중에야 찰스 개번 더피 경이 반역죄로 징역을 산 인물이었음을 알고 나서 빅토리아 여왕이 깜짝 놀랐다고 한다.

캐티 매코맥과 그 가족 이야기는 1848년 8월 한 달 동안 여러 신문을 장식했다. 시간이 한참 흐른 뒤 역사책에는 매코맥이라는 성씨만 짤막하게 나왔다. 오늘날에는 매코맥네 농가가 '전쟁의 집'으로 널리 알려져 있으며 아일랜드의 중요기념물로 지정되어 국가에서 관리하고 있다.

아일랜드 대기근의 유산

아일랜드 대기근은 오래도록 씻기지 않을 적대감과 원한을 남겼다. 소년 시절 지주의 사유지를 지나는 강에 석회를 뿌려 물고기를 죽게 만든 뒤 캐나다로 이주했다가 미국으로 건너간 톰 플린, 그는 아일랜드 백성을 가혹하게 다룬 영국 정부를 끝끝내 용서하지 못했다. 그 원한이 자식과 손자 손녀에게까지 대물림되었다.

톰 플린의 손녀 엘리자베스 걸리 플린은 이렇게 말했다. "우리는 어려서 엄마 젖을 빨 때부터 영국 지배자들에 대한 불타는 증오감도 같이 빨아 먹었습니다. 우리 아버지는 여든 살이 넘어서 돌아가셨는데, 눈을 감기 전까지 '영국'을 들먹일 때면 꼭 '천벌 받을'이라는 말을 붙였어요." 엘리자베스가 미국 노동 운동계에서 이름을 떨친 지도자로 성장한 것은 톰의 손녀로서 어쩌면 당연한 일인지도 모른다. 엘리자베스는 남자도 여자도 어린이도 더 나은 삶의 환경에서 살고 더 좋은 노동 환경에서 일할 수 있는 세상을 만드는 데 인생을 거의 다 바쳤다.

대기근 때문에 아일랜드 사람들은 영영 뿔뿔이 흩어지고 말았다. 감자 대기근 이후 60년 동안 대규모 이주가 끊임없이 이어졌고, 그때마다 청년층이 이주민의 절반을 차지했다. 미국, 오스트레일리아, 캐나다, 영국 등으로 떠난 아일랜드 대기근 이주민은 각 나라에 필요한 노동력을 채워 주었고 도시의 발전과 성장에 이바지했다. 1910년까지 조국을 영원히 떠난 아일랜드인은 500만 명에 달했다. 오늘날 아일랜드 인구는 약 400만 명으로 1845년 인구수의 절반도 채 되지 않는다.

현재 미국에는 아일랜드계 미국인이 4,000만 명을 웃돈다. 이주 초기 아일랜드인은 갖가지 편견과 차별에 시달리고 향수병을 앓았지만, 모든 시련을 꿋꿋이 이겨 냈다. 세월이 흐르면서 아일랜드 이주민이 미국 노동 인구 가운데 차지하는 비중이 커졌다. 그뿐 아니라 노동계, 사업계, 정치계, 군대, 노동 운동계, 예술계, 연예 산업계 등 전문 분야 각계각층에서 큰 성공을 거두었다.

아일랜드 이주민 대다수는 영영 고국을 잊지 않았고, 민족적 정체성과 자긍심을 길이길이 간직했다. 대기근 이주민 2세로, 버지니아 주 리치먼드에 사는 한 남자는 이렇게 말했다. "우리 부모님은 아일랜드에서 몹시 고생하셨어요. 그래도 어머니는 맨날 푸른 산과 호수 얘기를 하시면서, 하염없이 고국을 그리워하셨죠. 집 안에서 아일랜드 노래를 끊임없이 부르셨고요."

아일랜드인이 굳게 지키려 애썼던 아일랜드의 언어, 노래, 시, 민담에 대한 애착과 자유를 향한 열망. 그것은 아일랜드인의 기백과 강인함을 보여 주는 징표이다. 1916년 부활절 봉기는 실패로 끝났지만, 마침내 1921년에 아일랜드의 대다수 주는 영국에서 독립했다. 그때 독립한 26개 주가 오늘날의 아일랜드 공화국이다. 1848년에 윌리엄 스미스 오브라이언이 프랑스에서 선물로 받은 삼색기는 아일랜드 공화국의 국기가 되었다. 아일랜드의 나머지 6개 주는 따로 북아일랜드를 결성하여, 지금도 영국령으로 남아 있다. 1998년에 북아일랜드는 벨파스트에 자치 의회를 구성할 수 있게 되었다.

불행한 일이 생기면 그 불행을 끝낼 좋은 방안을 찾는 것이 인간의 본성이다. 아일랜드 대기근처럼 처절하기에 막아야 하는 참극 앞에서는 좋은 방안을 찾기가 어렵다. 그러나 비극이 우리를 일깨워 주는 수도 있다.

아일랜드 대기근이 일어난 지 150년이 넘었다. 이 엄청난 사건을 겪으면서 디어뮈드 오도노반 로사, 톰 퀸, 브리짓 오도넬이 그랬듯이, 우리는 대기근이 개인의 삶과 맞물려 있다는 것을 배울 수 있다. 그들이 겪은 고통에 공감할 수도 있다. 이 세 사람을 비롯해 살고자 애썼고 존엄성을 지키려고 힘썼던 무수한 사람들을 통해, 그 복잡하고 어려운 방안을 탐색할 수도 있다. 그들의 강인함과 용기를 배울 수도 있다.

인망 높았던 치안판사로서 수레에 빵을 싣고 스키베린 주민들을 찾아간 니컬러스 커민스가 그랬듯이, 우리도 기근이 사회를 위태롭게 한다는 사실을 깨달을 수 있다. 기근이 식량 이용권을 가진 사람과 가지지 못한 사람으로 나뉜 데서 비롯된 문제라는 사실도 알 수 있다. 오늘날 우리가 사는 지역사회, 나라, 세계에 존재하는 굶주림과 빈곤과 부적절한 보건 의료 문제에 똑바로 눈뜰 수 있다. 그리하여 그 굶주림과 빈곤과 인류의 고통에 한결 효과적으로 대응할 수 있다.

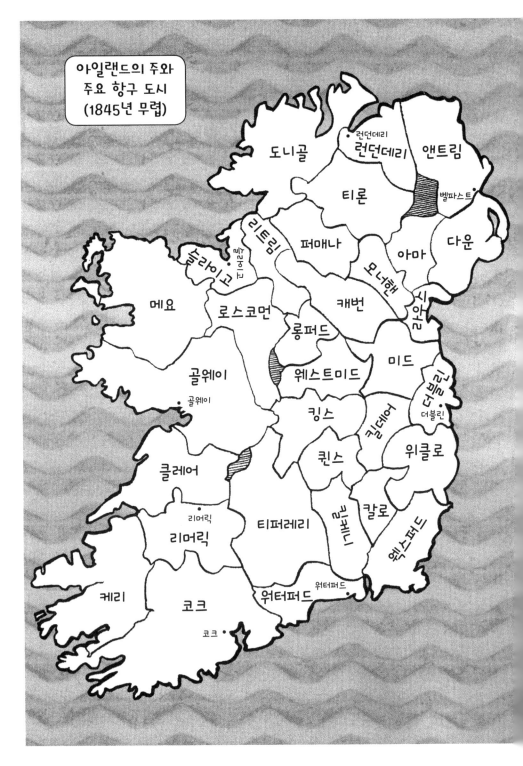

아일랜드의 주와
주요 항구 도시
(1845년 무렵)

도니골

런던데리
• 런던데리

앤트림

• 벨파스트

티론

퍼매나

리트림
• 슬라이고

슬라이고

아마

다운

모나한

캐번

루이스

메요

로스코먼

롱퍼드

미드

골웨이

웨스트미드

더블린
• 더블린

• 골웨이

킹스

킬데어

위클로

퀸스

클레어

리머릭
• 리머릭

티퍼레리

칼로

킬케니

웩스퍼드

케리

코크

워터퍼드

• 워터퍼드

• 코크

∽ 감사의 말 ∽

책 한 권 쓰는 일은 클로헌* 한 채를 짓는 것과 같습니다. 그처럼 어마어마한 작업을 마무리하는 내내 일손을 거들어 준 분이 많네요. Buíochas a ghabáil leis na muintir na hÉireann as a gcineáltas agus a bhfáilte liom.** 차분하고 침착하게 이해시키며 너그럽게 감싸 주신 리즈 로젠버그 교수님, 원고를 꼼꼼히 읽어 가며 검토해 준 리비 터커와 톰 더블린과 레슬리 헤이우드, 빙엄턴 대학교 도서관 사서 분들, 특히 놀라운 인내와 집요함을 발휘해 도서관 상호 대출 관련 업무를 맡아 준 헬렌 인싱어, 중요한 육필 자료를 사용하도록 허락해 주고 숱한 질문에 너그럽게 답변해 준 아일랜드의 유니버시티 칼리지 더블린 대학교University College Dublin, Ireland 민속학부의 크리스토이 머카다, 여러모로 도움을 준 아일랜드 국립도서관과 아일랜

---

* clochán: 모르타르 따위의 다른 재료를 쓰지 않고 오직 자연석으로만 돌처럼 둥글게 쌓아서 지은 아일랜드 전통 가옥.

** '저에게 친절과 환대를 베풀어 주신 다음의 아일랜드 분들께 무한한 감사를 드립니다.'라는 뜻.

245

드 클레어 주립도서관과 영국 국립도서관 및 신문도서관의 사서 여러분. 친구처럼 다정하게 전문 지식을 가르쳐 준 나의 아일랜드어 선생님—tá mé faoin chomaoin ag* 킴 앨런, 의학 전문 지식을 조언해 준 브레트 야크조위와 엘리자베스 파트리지, 탁월한 사진작가 조지 퓨, 이 책이 꼭 필요하다는 것을 알아봐 준 내 친구이자 편집자 킴 켈러, 늘 웃음을 주고 자료 조사 작업을 도와준 우리 딸 브랜디, 사리 분별력이 뛰어난 우리 아들 조이, 공평하게 나눠 써야 할 공간을 독차지하고 횡포를 부린 사람과 함께 살면서 지칠 줄도 모르고 하염없이 지지해 준 남편 조. 모두 고맙습니다.

---

* '—에게 감사한다', '— 덕분이다'라는 뜻.

∾ '옮긴이의 말'을 대신하여 ∾

아일랜드는 영국의 가장 오래된 식민지였습니다. 12세기부터 침략에 맞서 숱한 전쟁을 치르다 결국 16세기에 완전히 식민지로 전락했습니다. 영국은 통치 전략으로 아일랜드에 자국민을 정착하게 했고, 그들은 본국의 병력과 법의 비호 아래 아일랜드의 토지를 대부분 차지했습니다. 이른바 영국계 아일랜드인입니다. 식민 지배를 받은 그 몇백 년 동안 아일랜드인은 대다수가 소작농과 노동자로 전락해 가난에 허덕였습니다. 결국 1845년에는 감자 역병까지 퍼지면서 이 책에서 다룬 엄청난 비극이 시작된 것입니다.

그 대기근의 참극을 예언이라도 하듯, 무려 110여 년이나 앞선 1729년에 무시무시한 내용이 담긴 팸플릿이 발표됩니다. 글쓴이는 『걸리버 여행기』의 작가이자 성직자이기도 한 조너선 스위프트입니다. 해마다 수만 명씩 굶어 죽게 만든 영국 제국주의자들과 끊임없이 착취당하면서도 무력하게 고통을 견디는 아일랜드인들로부터 영국계 아일랜드인 스위프트가 본 것은 인간성 말살입니다. 그 글은 수많은 사람이 굶어 죽어 가는 현실에도 아랑곳없이 경제 논리만 앞세우는 영국 제국주의 행태에 대한 신랄한 풍자이자, 무기력에 빠진 아일랜드인들을 일깨우는 무시무시한 충격 요법이기도 합니다. 사람의 존재 가치를 철저하게 경제적 가치로 환산해 반어적으로 꼬집는 「겸손한 제안」A Modest Proposal은 지금 우리 사회에도 큰 경종을 울립니다. 이 책 『검은 감자』를 이해하는 데 큰 도움이 될 것 같아 '옮긴이의 말' 대신 「겸손한 제안」의 일부를 소개합니다.[전문은 돌베개 홈페이지 www.dolbegae.co.kr '자료실'에서 다운로드받을 수 있습니다.]

겸손한 제안: 아일랜드에서 빈민의 자녀가 부모나 국가에 짐이 되는 것을 예방하고 사회 전체를 이롭게 하는 아이로 삼기 위하여(1729)

이 나라 대도시를 거닐거나 시골을 여행하는 사람들에게 우울한 대상이 있다. 시가지에 길거리에 오두막집 문간에 우글거리는 여자 거지들이다. 그들은 죄다 누더기를 걸친 어린것들을 서넛씩 대여섯씩 달고 지나가는 사람마다 붙잡고 늘어지면서 동냥을 바란다. 이 아이 엄마들은 일을 해서 정직하게 먹고살아 갈 길이 없으니, 무력한 어린것들을 먹여 살리려고 하릴없이 온종일 돌아다니며 구걸한다. 그 어린것들은 막상 자라도 일자리가 없으니 도둑이 되거나, 사랑하는 고국을 등지고 에스파냐로 떠나 왕위 계승 전쟁을 벌이는 왕위 요구자의 병사로 싸움터에 나가거나, 스스로 몸을 팔아 바베이도스 섬에서 노예로 살아갈 목숨들이다.

나는 모든 당파가 다음과 같은 사실에 동의하리라고 본다. 엄마 품에 안기거나 등에 업히고, 아버지나 엄마 뒤를 졸졸 따라다니는 아이들이 끔찍스럽게도 많다. 그 어마어마한 아이들은 현재 개탄스러운 이 왕국에 크나큰 골칫거리를 하나 더 안기고 있는 실정이다. 그러한즉 누구든지 이 아이들을 착실하고 유익한 영연방의 구성원으로 삼을 온당하고 값싸고 쉬운 방법을 찾아낸다면, 그이는 만백성이 기리도록 국가 수호자로서 동상을 세워야 마땅할 것이다.

그러나 나는 버젓이 구걸하고 다니는 거지들의 자식만 바치자고 제안할 뜻은 결코 없다. 그보다 훨씬 광범위하게, 길거리에서 자선을 요구하는 거지들만큼이나 사실상 부양 능력이 없는 부모 밑에서 태어난 특정 연령의 젖먹이까지 모두 포함하고자 한다.

나로 말하자면 여러 해 동안 이 중대한 문제에 관해 고심했고, 우리네 입안자들이 내놓은 몇 가지 기획안을 신중하게 검토해 본 사람이다. 나는 그 입안자들이 하나같이 저지른 심대한 계산 착오를 발견했다. 사실 어미 몸에서 갓 떨어져 나온 핏덩이는 1년간 다른 양분을 거의 주지 않고도 어미젖으로만 키울 수 있다. 그러면 기껏해야 2실링[약 2만 원]이 들 텐데, 그쯤은 아이 엄마가 합법적인 구걸 행위로 얻거나 푼푼이 모을 수 있는 금액이다. 바로 이것이 내가 만 한 살 된 아이를 바치자고 주장하는 이유이다. 이를테면 부모나 교구에 짐이 되거나 평생 제대로 먹지도 입지도 못한 채 살 바에는 차라리 식량을 제공하고 일부는 의복이 되어 무수한 사람에게 이바지할 길을 열어 주자는 것이다. (……)

이제부터 겸허하게 내 소견을 제시하려고 하니 추호라도 반대하지 말기를 바란다.

내가 런던에서 알고 지낸 아주 박식한 아메리카 사람이 호언장담한 것이 있다. 젖을 잘 먹여 건강하게 키운 한 살짜리 아기는 스튜를 해도, 로스트를 해도, 굽거나 삶아도 아주 맛있고 영양가도 뛰어난 건강식이 된다고 한다. 나는 프리카세 요리나 라구 요리를 해도 손색이 없으리라 믿어 의심치 않는다.

그러한즉 나는 진실로 겸손하게 내 생각을 밝혀 공론에 부치고자 한다. 내가 앞서 산정한 젖먹이 12만 명 가운데 2만 명은 번식용으로 비축하는 것이 좋겠다. 그중 남아는 4분의 1이면 족하다. 이를테면 우리가 양, 검정소, 돼지에 허용하는 것에 비하면 여아의 비율이 높다. 내가 이렇게 산정한 근거는 이 아이들은 결혼의 결실로 보기 어렵기 때문이다. 결혼이라는 형식은 우리네 야만인들의 안중에 없으니 수컷 하나가 암컷 넷과 능히 교미할 수 있을 것이다. 나머지 10만 명은 한 살 때 왕국 전역에 있는 지체 높고 재산도 많은 사람들에게 상품으로 내놓는 게 좋겠다. 그 전 마지막 달에는 젖을 충분히 빨리도록 어미들을 항상 일깨워야 한다. 그래야 상을 푸짐하게 차릴 만큼 토실토실하고 기름진 상품이 될 것이다. 친구들을 불러 모아 대접할 때는 아기 한 명으로 요리 두 접시를 만들 수 있을 것이요, 가족끼리 식사할 때면 앞다리나 뒷다리 하나로도 너끈할 것이요, 특히 겨울에는 후추나 소금을 살짝 뿌려 두었다가 나흘째 되는 날 고아 먹으면 썩 좋을 것이다.

내가 평균적으로 따져 본바, 갓 태어난 아기의 무게는 12파운드[약 5킬로그램]이고, 젖을 제법 잘 먹일 경우 1년 뒤에는 28파운드[약 13킬로그램]까지 늘어날 것이다.

나는 이 식품을 다소 비싸게 팔겠다고 하면 수락하고자 한다. 비싼 만큼 지주들에게 제격이라고 본다. 이미 대다수 부모를 게걸스레 뜯어먹어 온 지주들이야말로 이 식품을 먹을 수 있는 최고 적임자이겠다.

아기 고기는 연중 내내 제철 식품으로 공급되겠지만 3월에는 더욱 풍성하겠고 3월 전후에도 꽤 넉넉할 것이다. 프랑스의 어느 근엄한 작가이자 저명한 의사께서 밝히기를 생선이 임신에 좋은 음식이라 가톨릭 국가에서는 사순절로부터 아홉 달쯤 지나면 아이가 더 많이 태어난다고 하니, 이 나라 시장들에도 여느 때 없이 아기 고기가 넘쳐 날 것이다. 이 왕국에는 가톨릭교도의 아기가 최소 3배나 많기 때문이다. 게다가 내 제안대로 하면 우리 사회에서 가톨릭교도의 수를 줄이는 부수적인 이득까지 얻게 될 것이다.

나는 이미 (오두막집 거주자와 노동자 전체, 농민의 5분의 4까지 포함하여) 거지의 자식 1인당 한 해 양육비를 누더기 옷값까지 쳐서 약 2실링으로 산정했다. 그리고 맛 좋고 기름진 아기 고깃값으로 10실링[약 10만 원]을 내는 데 불평할 신사는 없을 줄로 믿는다. 앞서 밝혔다시피 최고급 영양식 네 접시를 마련할 수 있으니, 아주 특별한 친구를 따로 대접하거나 그 친구를 가족 식사에 초대할 때 이용하면 맞춤할 것이다. 그러다 보면 신사로서는 선량한 지주가 되는 법을 익

힐 테니 소작농 사이에서 차츰 인망이 높아질 것이요, 아이 엄마로서
는 8실링[약 8만 원]의 순이익을 올리게 되니 다시 아이를 생산할 때까
지 별 탈 없이 일할 수 있을 것이다.

(고백하자면 시대의 요구에 따라) 아주 검소하게 사는 사람들은
고기 가죽을 벗겨 쓰면 좋겠다. 그 가죽을 잘 무두질하면 숙녀용 고
급 장갑과 멋쟁이 신사들의 여름 부츠를 만들 수 있을 것이다.

우리의 더블린 시로 말하면, 이 목적에 걸맞은 도살장들을 가장
편리한 지역에 지정하는 것이 좋겠다. 우리가 걱정하지 않아도 될 만
큼 도살업자가 부족한 사태는 없을 것이다. 그렇지만 나는 아기를 산
채로 구입해서 통돼지 구이를 할 때처럼 칼질로 다듬어서 뜨거운 불
에 구워 먹기를 권한다. (……)

독자들은 부디 주의하기 바란다. 내가 이 구제법을 생각해 낸 것
은 단 한 나라, 오직 아일랜드 왕국을 위해서일 뿐이다. 따라서 이 지
구상에 있었거나 있거나 앞으로 있을지 모를 그 어떤 나라에도 해당
되지 않는다. 그러하니 어느 누구도 다른 방편들로 나를 설득하려 들
지 마시라. 예컨대 우리네 부재지주에게 수확량 1파운드에 세금 5실
링씩 매기기, 옷도 가재도구도 우리 손으로 재배하고 만든 제품만 사
용하기, 사치 풍조를 조장하는 외국산 물건과 도구를 철저히 배격하
기, 분수에 넘치는 자만과 허영과 게으름과 도박에 빠진 이 나라 여
인들 교정하기, 검약하고 알뜰하게 살림하고 절제하는 풍조 조성하
기, 라플란드 인과 투피남바[지금의 브라질에 속한 지역]의 원주민보다 못
한 애국심 가르치기, 적대감과 당파심을 버리고 아울러 자기네 도시

252

를 점령당한 순간에도 서로 죽였던 유대인 같은 행동을 그만두기, 나라와 양심을 헛되이 팔아먹지 않도록 조금 더 신중을 기하기, 소작농에게 하다못해 한 가닥 자비심이라도 베풀도록 지주들 일깨우기 같은 방편들은 들먹이지 마시라. 마지막으로 우리네 상인들에게 정직성과 근면성과 분별력을 심어 주는 방편도 꺼내지 마시라. 만일 우리가 국산품만 구매하자는 결의문이라도 채택하면 그들은 당장 똘똘 뭉쳐 가격과 분량과 품질을 속여 강매할 자들이다. 그뿐 아니라 공정하게 거래하라고 아무리 신신당부를 해도 그 무던한 제안조차 받아들일 줄 모르는 자들이다.

그러므로 거듭 당부하거니와 누구든 위와 같은 방편과 그 유사한 얘기로 나를 설득하려 들지 마시라. 정 하려거든 최소한 그런 방편들을 성심성의껏 실행에 옮기려고 애쓸 것이라는 희망이 어렴풋이나마 생길 때 하시라.

나로 말하면 숱한 세월 동안 헛되고 한심하고 몽상에 지나지 않는 생각들을 제안하다가 기진맥진했고, 마침내는 가망 없다고 완전히 체념했던 사람이다. 그런데 다행스럽게도 이 제안이 갑작스럽게 떠올랐다. 이것은 완전히 새롭고, 알차고 현실성이 있으며, 비용이 한 푼도 들지 않고 그다지 고생스럽지도 않으며, 이 문제로 영국의 심기를 건드려 우리가 화를 입을 위험도 전혀 없다. 이런 종류의 상품은 육질이 너무 연해서 장시간 소금에 절이게 하더라도 품질 유지가 어려워서 수출이 부적합하기 때문이다. 물론 나는 소금에 절이지 않고도 기꺼이 우리네 백성을 모조리 다 먹어 치울 나라의 이름을 대라면 댈 수 있기는 하다.

아무튼 나는 아집에 사로잡힌 사람은 아니다. 현명한 분들이 나처럼 사심 없이 값싸고 쉽고 효율적인 방안을 찾아보겠다면 어떤 제안이든 거부하지 않겠다. 그러나 내 계획에 반박하면서 더 훌륭한 의견을 제시하기에 앞서, 단독이든 여럿이든 그 제안자들에게 다음 두 가지 문제를 신중하게 헤아려 보기를 정중하게 부탁한다. 첫째, 지금과 같은 상황에서 아무짝에도 쓸모없는 만 명의 배를 채울 식량과 등을 따뜻하게 해 줄 의복을 과연 마련할 수 있겠는가. 둘째, 현재 이 왕국의 방방곡곡에 인간 형상을 한 짐승 같은 자들이 대략 100만 명이 있는데 공유 자산을 들여 그들을 모두 먹여 살리자면 200만 파운드[약 4,000억 원]의 빚을 안게 된다. 게다가 버젓이 구걸을 일삼는 거지들과 사실상 거지와 다름없는 무수히 많은 농민들, 오두막집 거주자들, 노동자들과 거기 딸린 처자식들까지 있다. 내 제안이 혐오스러워 혹여 과감하게 해결책을 모색할지 모를 정치인들에게 바란다. 부디 이렇게 죽어야 할 운명을 타고난 것들의 부모들에게 먼저 물어보시라. 지금 생각해 보면 내 처방대로 한 살 때 식품으로 팔린 것이 대단한 행복이 아니었겠는지. 그랬다면 끊임없이 이어진 불행한 상황들, 가령 돈도 없고 돈벌이도 없어서 소작료를 내지 못해 지주의 핍박에 시달린다든지, 입에 풀칠도 못하고 모진 날씨를 막아 줄 집은커녕 옷도 없이 비천한 목숨을 이어 간다든지 하는 일들을 모면하지 않았겠는지. 또한 자신과 똑같이, 아니 훨씬 더 큰 고통을 도무지 피할 길이 없는 새끼들의 앞날도 있을 까닭이 없지 않겠는지.

진심으로 고백하건대 이 불가피한 사업을 추진하려고 애쓴다고 해서 내가 얻을 사익은 조금도 없다. 내 목적은 오로지 상업을 발전시키고, 젖먹이들에게 기회를 주고, 빈민의 고통을 덜어 주고, 부자들에게 얼마간 쾌락을 맛보게 함으로써 내 나라의 공익을 증진하려는 것뿐이다. 나는 어린 자식이 없다. 적어도 내 제안대로 할 때 한 푼이라도 벌 수 있는 아이는 없다. 내 막냇자식은 아홉 살이고, 내 아내는 임신할 나이를 넘겼다.

곽명단

∽ 아일랜드 대기근 연표 ∽

1845. 8.   아일랜드에서 감자 역병이 처음으로 보고되다.

1845. 10.   감자 총 수확량의 3분의 1이 썩다.

1845. 11.   영국 로버트 필 총리, 미국에서 10만 파운드어치의 옥수수 수입을
            지시하고 구제 위원회를 설립하다.

1845. 12.   식량 가격이 두 배로 오르다. 8만 6,900명이 사망했다고 인구 통계
            청에서 발표하다.(어디에서나 그렇듯이 인구 통계청에서 발표한 이
            수치는 실제보다 낮을 가능성이 높다. 1864년 이전에는 아일랜드에
            서 출생 및 사망 신고가 의무 사항이 아니었기 때문이다.)

1846. 3.   의회가 공공 근로 사업 계획을 승인하다. 옥수수 판매를 시작하다.

1846. 6.   로버트 필 총리의 막후교섭으로 수입 곡물에 높은 관세를 매기는 곡
            물법을 폐기하다. 그 여파로 사임한 필에 이어 존 러셀이 총리 자리
            에 오르다.

1846. 7.   감자 작황이 좋을 것이라는 전망에 따라, 의회에서 지역 구제 위원
            회 폐쇄를 합의하다. 트레벨리언 재무부 사무차관, 8월 중순에 공공
            근로 사업 중단을 발표하다.

1846. 8.   감자 역병 재발하다. 감자 총 수확량의 4분의 3이 썩다. 이주민 급
            증하다. 공공 근로 사업 재개하다.

1846. 11.	이례적으로 혹독한 겨울이 시작되다. 발진티푸스와 이질이 유행하다. 종교 친우회(퀘이커교)가 구제 위원회를 설립하다.
1846. 12.	공공 근로 사업장에서 39만 명이 일자리를 얻다. 인구 통계청에서 12만 2,899명이 사망했다고 발표하다.
1847. 1.	영국 구호 협회가 결성되다.
1847. 2.	수프 식당법이 가결되다.
1847. 3.	71만 4,000명이 공공 근로 사업장에서 일자리를 얻다.
1847. 4.	전염병 창궐에 따른 조치로 아일랜드 열병 관리법이 가결되다.
1847. 6.	수프 식당에서 무료 급식을 실시하다.
1847. 7.	하루에 300만 명에게 수프 급식을 제공하다. '그레고리 조항' 또는 '4분의 1쿼터 조항'으로 불리는 법을 추가한 구빈법 개정안이 가결되다. 그 결과 강제 퇴거 및 철거가 횡행하다.
1847. 8.	감자 역병의 징후가 거의 나타나지 않다. 그러나 감자 수확량이 예년 평균치의 1밖에 되지 않아 식량난은 계속되다.
1847. 10.	수프 식당을 폐쇄하다. 대규모 이주 행렬이 연말까지 이어지다.
1847. 12.	범죄 및 폭동 처벌법이 가결되다. 1847년 한 해에 22만 명이 이주한 것으로 추산되다. 인구 통계청에서 24만 9,335명이 사망했다고 발표하다.
1848. 4.	반란 대역죄 처벌법이 가결되다.
1848. 7.	감자 총 수확량의 3분의 2가 썩다. 영국 구호 협회의 구제 기금과 재원이 바닥나다. 아일랜드 청년당이 티퍼레리 주 발린가리에서 봉기를 일으키다.
1848. 9.	영국 의회에서 임시 구빈 활동을 중단시키다. 구빈법이 더욱 엄격하게 실시되고 지방세가 인상되다. 1차 저당 부동산법이 가결되다.
1848. 11.	콜레라가 유행하기 시작하다.
1848. 12.	인구 통계청에서 20만 8,252명이 사망했다고 발표하다. 1848년 한 해에 18만 명이 이주하다.

1849. 5.	부조세 징수법이 가결됨에 따라 지방세를 모든 구빈 조합에 공평하게 분배하다.
1849. 6.	종교 친우회가 구호 활동을 포기하다.
1849. 8.	빅토리아 여왕이 아일랜드를 방문하다. 감자 역병이 아일랜드 서부와 남부에서만 발생하다.
1849. 12.	거의 모든 구빈원이 초만원 상태가 되다. 1849년 한 해에만 총 1만 6,686가구가 강제 퇴거 및 철거를 당하다. 1849년 한 해의 이주자가 22만 명으로 추산되다. 인구 통계청에서 발표한 사망자 수가 24만 797명에 이르다.
1850.	투표권이 12에이커 이상의 토지를 점유한 농민으로 확대되면서 수천 명이 투표권을 얻다. 인구 통계청에서 16만 4,093명이 사망했다고 발표하다. 21만 명이 이주하다.
1851.	인구 통계청에서 9만 6,798명이 사망했다고 발표하다.
1852.	인구 통계청에서 8만 112명이 사망했다고 발표하다. 구빈원 이외의 구제 활동을 단계적으로 폐지하다. 25만 명이 이주한 것으로 추산되다.
1853.	영국 정부가 아일랜드 납세자의 부채 400만 파운드를 탕감해 주다.
1871.	인구 통계청이 아일랜드 총 인구를 441만 2,000명으로 발표하다. 이는 대기근 이전의 절반으로 줄어든 수치이다.
1916.	부활절 다음날에 1,500명으로 이루어진 소규모 반란군이 영국으로부터 독립을 쟁취하기 위한 전투를 벌이다. 엿새 동안 치른 이 전투에서 아일랜드 반란군이 패배하다. 투옥된 반란군 지도자 열네 명을 비밀리에 재판하고 속전속결로 처형하다.
1918~1921.	아일랜드 독립전쟁을 벌이다. 1921년에 맺은 영국 - 아일랜드 조약으로 아일랜드 총 32개 주 가운데 26개 주가 독립해 아일랜드 공화국이 탄생하다. 나머지 6개 주는 따로 북아일랜드를 이루어 영국령으로 남다.

1998.   북아일랜드는 투표를 실시하고 아일랜드 공화국과도 영국과도 분리한다는 협정에 비준하다. 여전히 영국의 통치를 받는 북아일랜드가 벨파스트에 자치 의회를 설립하다.

꧁ 참고 자료 및 출처 ꧂

아일랜드 대기근은 헤아릴 수 없이 많은 소설, 발라드, 시 속에 살아 있고, 아일랜드 사람들의 '문화적 기억'에도 살아 있다. 이를 더욱 상세히 다룬 역사서에 관심이 있는 독자들이 참고할 만한 자료와 이 책『검은 감자』를 준비하고 집필하는 과정에서 도움을 받은 다양한 작품들을 소개하면 아래와 같다.

아일랜드 대기근을 다룬 역사서는 크게 세 가지 범주로 나뉜다. 영국 정부가 대량 학살을 저질렀다고 비난하는 민족주의자들의 역사서, 영국이 인명을 구하기 위해 할 수 있는 모든 일을 다 했다고 주장하는 수정주의자들의 역사서, 상대적으로 극단적인 관점을 배제한 기록물들을 제시하는 또 다른 수정주의자들의 역사서가 그것이다. [먼저 오래된 작품 가운데] 가장 널리 알려진 것은 세실 우덤-스미스가 쓴 『아일랜드 대기근, 1845~1849』The Great Hunger, Ireland 1845~1849(런던, 1962)이다. 대기근 이전 시기를 다룬 초반부는 시대에 뒤진 감이 있지만, 대기근 당시에 일어난 사건들을 생생하게 기술해 놓은 귀중한 작품이다. 좀 더 오래된 수준 높은 작품으로는 R. 더들리 에드워즈와 T. 데스먼드 윌리엄스가 함께 쓴『아일랜드 역사로 보는 대기근 연구』The Great Famine: Studies in Irish History(더블린, 1956)와 존 오로크 신부의 『1847년 아일랜드 대기근의 역사』The History of the Great Irish Famine of 1847(제임스 더피 앤드 컴퍼니 출판사, 더블린, 1902)가 있다.

아일랜드 대기근을 새롭게 조명한 작품과 최신 연구물로는 메리 데일리의『아

260

일랜드 대기근』The Famine in Ireland(더블린 역사학회Dublin Historical Society, 1986),
조엘 모키어의 『아일랜드인들은 왜 굶주렸나: 계량적으로 분석한 1800~1850년
의 아일랜드 경제사』Why Ireland Starved: A Quantitative and Analytical History of the Irish
Economy, 1800~1850(조지 앨런 앤드 언윈 출판사, 1983), 크리스틴 키닐리가 쓴 『죽
음을 부르는 기근』A Death-Dealing Famine(시카고, 플루토 프레스 출판사, 1997)과
『이 거대한 재난: 아일랜드 대기근, 1845~1852』This Great Calamity: The Irish Famine,
1845~1852(콜로라도, 로버츠 라인하트 출판사, 1995)이 있다. 또 살펴볼 만한 에세
이집으로는 『무시무시한 현실들: 새롭게 조명하는 아일랜드 대기근』Fearful Realities:
New Perspectives on the Famine(크리스 모래시 & 리처드 헤이스 엮음, 더블린, 아이리시
아카데믹 프레스 출판사, 1996)과 『현대 아일랜드 역사 만들기: 수정주의와 수정주
의자들의 논쟁』The Making of Modern Irish History: Revisionism and Revisionist Controversy(D.
조지 보이 & 앨런 오데이 엮음, 런던, 루틀리지 출판사, 1996)이 있다.

아일랜드 대기근에 관한 기록이 많이 남아 있는 것은 시기적으로 서양사에서
비교적 최근 사건이고, 지리적으로는 영국령에서 발생했기 때문이다. 따라서 영국
에는 참고할 만한 1차 사료가 많다. 자선단체의 기록, 신문 보도 자료, 구빈원 감찰
관들의 보고서, 여러 구빈원 관리 위원회의 회의록, 구빈원의 기록물, 정부의 공식
기록물을 찾아볼 수도 있다. 또 아일랜드인들의 삶을 간략하게 언급한 중상류층
사람들의 일기, 편지, 회고록 등에서도 관련 기록을 볼 수 있다. 그 밖에 인구 통계
청 자료, 교구 성당의 기록, 자선단체의 문건, 토지 및 사유지 문건, 그리피스가 측
량한 아일랜드 토지에 부과한 세금 문서 등도 값진 1차 사료들이다. 이처럼 가공되
지 않은 방대한 원전은 연구자들이 분석하고 서술하는 데 대단히 유용하다.

노엘 키세인이 편집한 『기록으로 보는 아일랜드 대기근의 역사』The Irish
Famine: A Documentary History(더블린, 아일랜드 국립도서관, 1995)는 1차 사료의
복제물과 여행자, 정부 당국자, 공무원, 식물학자, 기자, 목격자 들이 찍은 영상
물 등 각종 자료를 모아 놓은 탁월한 기록 문학이다. 인터넷 검색으로도 기록들을
찾아볼 수 있다. (아일랜드 클레어 주 주립도서관 웹사이트www.clarelibrary.ie에서
는 풍부한 정보를 제공한다. 미국 솔트레이크시티에 있는 가족 역사 도서관Family

History Library에서도 풍부한 관련 자료를 찾아볼 수 있다. 밀알 성도 교회(모르몬교 교회)의 후원으로 운영되는 이 가족 역사 박물관은 광대한 가계도 기록 자료를 마이크로필름과 마이크로피시로 제공한다. 여러 지역에 설립된 지역 밀알 성도 교회에는 가족 역사 도서관에 소장된 자료들을 대출할 수 있는 도서실이 있다.

그 밖에도 이 책을 집필하면서 도움을 받은 책으로는『빅토리아 여왕의 편지들: 1837~1861년에 주고받은 여왕의 서신 선집』The Letters of Queen Victoria: A Selection from Her Majesty's Correspondence Between the Years 1837 and 1861(아서 크리스토퍼 벤슨 외 엮음, 뉴욕, 롱먼스, 그린 앤드 컴퍼니 출판사, 1907),『친서로 보는 로버트 필 경』Sir Robert Peel, from His Private Correspondence(찰스 스튜어트 파커 엮음, 런던, 존 머리 출판사, 1891), 찰스 트레벨리언 경이 쓴『아일랜드 위기』The Irish Crisis(런던, 맥밀런 앤드 컴퍼니 출판사, 1880), 엘리자베스 스미스의『아일랜드 일기, 1840~1850』Irish Journals, 1840~1850(뉴욕, 옥스퍼드 대학교 출판부, 1980) 등이 있다.

아일랜드 사람들의 삶을 엿볼 수 있는 자료로는 아일랜드를 두루 돌아다니면서 직접 보고 쓴 작가들의 여행기를 꼽을 수 있다. 또한 당시 각종 신문과 잡지에서 보도한 여행 기사들도 참고할 만하다. 아서 영의『아일랜드 여행』A Tour in Ireland(1780)과 S. C. 홀의『아일랜드』Ireland(런던, 홀, 버쳐 앤드 컴퍼니 출판사, 1860년경)에는 대기근 이전의 아일랜드 경치가 담겨 있다. 알렉산더 서머빌의『1847년 대기근 시기에 아일랜드에서 보낸 편지들』Letters from Ireland During the Famine of 1847(오레곤, 아이리시 아카데믹 프레스 출판사, 1994), 애세내스 니콜슨의『아일랜드의 빛과 그늘』Lights and Shades of Ireland(런던, 찰스 길핀 출판사, 1850), 더퍼린 경과 G. F. 보일 의원이 쓴『옥스퍼드에서 스키베린까지 여행한 이야기』Narrative of a Journey from Oxford to Skibbereen는 아일랜드에서 목격한 대기근 실태를 생생하게 묘사하고 있다.

또한 당대의 일간 신문과 정기 간행물들도 이 책을 집필하는 데 도움이 되었다. 브리짓 오도넬 이야기는 『일러스트레이티드 런던 뉴스』Illustrated London News(1849년 12월 22일자)에서, 톰 퀸 이야기는 『클레어 저널』Clare Journal (1848년 11월 27일자, 1848년 12월 11일자, 1849년 1월 11자)에서 발견했다. 이 밖에도 『더 타임스』The Times (런던), 『픽토리얼 타임스』Pictorial Times, 『클레어 저널』Clare Journal, 『코크 이그재미너』Cork Examiner, 『이브닝 메일』Evening Mail (더블린), 『에든 버러 리뷰』Edinburgh Review, 『머컨타일 애드버타이저』Mercantile Advertiser (뉴욕), 『아 메리칸 휘그 리뷰』American Whig Review를 참고했다. 당시는 사진술 발달 초기라, 『일러스트레이티드 런던 뉴스』와 『픽토리얼 타임스』에 실린 그림들은 동시대 자료 로서 매우 귀중하다.

행동주의 사회학자들의 주장에 따르면, 깊은 트라우마로 인해 발현된 행동 양 식은 일곱 세대를 거쳐야 비로소 완전히 뿌리 뽑을 수 있다고 한다. 대기근은 발생 한 지 약 150년이 지난 지금까지 아일랜드 사람들의 문화적 기억 속에 살아 있다. 아일랜드인들이 살아가고, 사랑하고, 희망하고, 믿는 삶의 방식에 아직도 그 대기 근이 배어 있는 셈이다. 그 사실을 염두에 두고, 나는 사실을 왜곡하지 않는 선에 서 되도록 아일랜드 사람들의 눈과 기억을 통해 대기근 이야기를 전하기로 했다. 수많은 대기근 희생자는 영어 사용자도 아니었고 글도 몰랐기 때문에 문서로 남은 기록은 거의 없다. 자신들이 겪은 고통을 입에 담기조차 싫어하는 사람이 많았지 만, 그때 기억들을 자식과 손자 손녀들에게까지 전하는 사람도 더러 있었다. 톰 플 린 이야기가 알려진 것은 손녀 엘리자베스 걸리 플린이 쓴 자서전 『반란의 딸: 내 인생 초년의 자서전』The Rebel Girl: An Autobiography of My First Life (뉴욕, 인터내셔널 출판사, 1955)을 통해서였다. 디어뮈드 오도노번 로사는 만년에 『로사의 회고록, 1838~1898』Rossa's Recollections, 1838~1898 (아일랜드 섀넌, 아일랜드 대학교 출판 부, T.M. 맥글린치 출판사, 1972)을 썼다.

1930년대, 1940년대, 1950년대에는 아일랜드 민속 위원회Irish Folklore Commission 소속 현장 연구원들이 아일랜드 시골을 돌며 대기근 희생자들이 자식 과 손자 손녀들에게 들려준 이야기들을 수집했다. 이처럼 아일랜드 민속 위원회가

꾸준히 애쓴 덕분에, 아일랜드에는 구전문학을 집대성한 자료집이 있다. 아일랜드 서민들의 삶을 고스란히 되살리기란 불가능할지라도, 수천 장의 육필 원고 및 수천 시간 분량의 녹음 기록이 담긴 레코드와 테이프로 제공되는 구전문학에는 전통 풍습, 신앙, 민담, 대기근과 같은 역사적 사건들이 묘사되어 있다. 아일랜드 국립대학교인 유니버시티 칼리지 더블린은 이 구전문학 자료를 잘 보존하고 있으며, 학자는 물론 일반인도 이 대학교 아일랜드 민속학부의 중요 육필 원고 장서실에서 자료를 이용할 수 있다. 아일랜드어로 쓰인 원고가 많지만, 영어로 쓰인 것도 적잖다. 그중 몇 편을 엮어 출간한 것이 『대기근의 메아리』Famine Echoes(카헐 포터 엮음, 더블린, 길 맥밀런 출판사, 1995)이다. 또한 1930년대 미국의 공공사업진흥국Works Progress Administration 소속 현장 연구원들이 수집한 구전 역사도 참고했다. 이 구전 역사 자료를 가장 쉽게 찾아볼 수 있는 곳은 미국 의회 도서관 웹사이트 www.lcweb.loc.gov의 미국인 생활사 장서실이다.

문화적 기억과 대기근에 관해서는 마거릿 켈러허가 쓴『대기근의 여성화: 표현하지 못한 자들의 표현』Feminization of Famine: Expressions of the Inexpressible(노스캐롤라이나 주 더럼, 듀크 대학교 출판부, 1997), 톰 헤이든의『아일랜드인들의 굶주림: 대기근이 남긴 유산에 관한 개인적 성찰』Irish Hunger: Personal Reflections on the Legacy of the Famine(콜로라도 주 볼더, 로버츠 라인하트 출판사, 1997), 크리스토퍼 모래시의『아일랜드 대기근을 쓴다는 것』Writing the Irish Famine(뉴욕, 옥스퍼드 대학교 출판부, 1995)에서 찾아볼 수 있다.

이주 문제는 앞서 언급한 거의 모든 2차 사료에서 다루고 있다. 그 밖에도 내가 참고한 자료는 커비 밀러의『이주민과 유배자들: 아일랜드와 아일랜드인의 북아메리카 이주』Emigrants and Exiles: Ireland and the Irish Exodus to North America(뉴욕, 옥스퍼드대학교 출판부, 1985), 아널드 슈리어의『아일랜드와 미국 이주민, 1850~1900』Ireland and the American Emigration, 1850~1900(미니애폴리스, 미네소타대학교 출판부, 1958), 헤이시아 R. 다이너의『미국으로 간 아일랜드의 딸들』Erin's Daughters in America(볼티모어, 존스 홉킨스 대학교 출판부, 1983)이 있다. 이디스 애봇이 쓴『이민 문제의 역사적 양상들』Historical Aspects of the Immigration

Problem(시카고, 시카고대학교 출판부, 1926)은 구하기가 쉽지 않겠지만 수고를 들일 값어치가 있다. 이 작품에는 이민 문제를 다룬 1차 사료를 복제한 기사들이 다수 수록되어 있다. 아일랜드 이주민 승객들의 명단은 『대기근 시기의 이주민들: 1846~1851년간 뉴욕 항에 도착한 아일랜드 이민자 명단』The Famine Emigrants: Lists of Irish Immigrants Arriving at the Port of New York, 1846~1851(볼티모어, 지니얼로지컬 퍼블리싱 컴퍼니 출판사, 1985)에서 찾아볼 수 있다.

주검의 배에 관한 직접 체험기는 로버트 화이트의 『대기근 이민선 일기』Famine Ship Diary(제임스 J. 맹건 엮음, 더블린, 메르시에 프레스 출판사, 1994)에서 볼 수 있다. 로버트 화이트는 특별 2등실에 묵었던 승객으로 1847년에 기근이 든 아일랜드에서 캐나다까지 가는 배 안에서 꼬박꼬박 일기를 썼다. 이 일기가 처음 발간된 1848년에는 제목이 『바다의 저주: 어느 특별 2등실 승객의 일기』The Ocean Plague: The Diary of a Cabin Passenger였다. 또 다른 중요한 기록으로 3등실의 상태를 개탄한 스티븐 드비어의 글도 있다. 그는 부유한 영국계 아일랜드인으로서 이주민들의 여건을 우려하다가, 3등실 배표를 끊어 아일랜드에서 캐나다까지 항해했다. 그리고 그 여정을 T. F. 엘리엇 식민사업 위원회Colonization Committee 위원장에게 상세히 적어 보냈다. 이 편지는 인터넷에서 Steven De Vere라는 그의 이름을 검색하면 쉽게 찾아볼 수 있다. (나는 이 편지를 인터넷 www.swan.ac.uk.history에서 발견했다.) 캐나다 그로스 섬에 관한 자료는 다음 링크 ist.uwaterloo.ca/~marj/genealogy/ships1866.html에서 볼 수 있다.

아일랜드 서민들의 삶과 생활방식, 산울타리 학교, 미끼 자선주의, 강제 퇴거, 구빈원, 공공 근로 사업, 질병, 매장에 관해서는 앞서 언급한 1차 및 2차 자료들에서도 숱하게 찾아볼 수 있다. 그 밖에 참고하면 좋은 에세이로는 케빈 휄런이 쓴 「지하 조직원 신사? 18세기 아일랜드의 가톨릭교도 중간상인들」An Underground Gentry? Catholic Middlemen in Eighteenth Ireland, J. R. R. 애덤스의 「돼지 거래세와 돼지를 몽땅 잡아먹어 버린 매기: 산울타리 학당과 아일랜드의 서민 교육」Swine-Tax and Eat-Him-All-Magee: The Hedge Schools and Popular Education in Ireland, 제러드 오크루웨이의 「즐거운 경야」The Merry Wake가 있다. 위 에세이들은 J. S. 도널리 주니어와 커비 A. 밀러가 엮은 『아일랜드의 서민문화, 1650~1850』Irish Popular Culture, 1650~1850(오리건 주 포틀랜드, 아이리시 아카데믹 프레스 출판사, 1999)에 수록되어 있다. 아이린 휄런의 「치욕스러운 미끼 자선주의」The Stigma of Souperism, 제임스 S. 도넬리 주니어의 「대량 강제 퇴거와 대기근」Mass Evictions and the Great Famine은 『아일랜드 대기근』The Great Irish Famine(카헐 포터 엮음, 더블린, 메르시에 프레스 출판사, 1995)에 실려 있다. 메리 머리 딜레이니의 『아일랜드 풍속에 관하여』Of Irish Ways(1973, 복사판, 뉴욕, 하퍼 앤드 로 출판사, 1980), 케빈 다나허의 『옛날에 아일랜드에는』In Ireland Long Ago(더블린, 메르시에 프레스 출판사, 1964), 올리브 샤키의 『옛 시절, 옛 방식』Old Days, Old Ways(시러큐스, 시러큐스 대학교 출판부, 1987)에서도 아일랜드 서민의 삶을 엿볼 수 있다.

아일랜드 서민의 삶에 관해 참고한 그 밖의 자료는 공공사업진흥국 연방작가계획Works Progress Administration Federal Writers' Project 소속 작가들이 집필한 원고이다. 이들 원고는 워싱턴 D. C.에 있는 미국 의회 도서관 육필 원고부의 보관 컨테이너 740호와 752호에서 찾아볼 수 있다. 요정 신앙을 다룬 고전 작품으로는 W. Y. 에번스-웬츠 교수의 『켈트족 국가들의 요정 신앙』The Fairy Faith in Celtic Countries(유니버시티 북스 출판사, 1966)과 오거스타 그레고리 부인의 『아일랜드 서부 지방의 환상과 신앙』Visions and Beliefs in the West of Ireland(1920, 복사본, 뉴욕, 옥스퍼드대학교 출판부, 1970) 두 권이 있다. 그레고리 부인은 아일랜드에 거주하던 영국계 아일랜드인의 딸로서, 어린 시절에 아일랜드인 보모가 들려주는 요정 이야기를 무척 좋아했다. 그래서 어른이 되어 아일랜드어를 배운 뒤 농민들, 감자 캐는 노동자들, 걸인, 구빈원에 입소한 노인들을 찾아다니며 전래 요정 이야기를 채록했다.

아일랜드 청년당과 1848년 봉기에 관한 목격담이 실린 책으로는 찰스 개번 더피 경이 쓴 『1845년부터 1849년까지 4년간의 아일랜드 역사』Four Years of Irish History, 1845~1849(뉴욕, 카셀, 페터, 갤핀 앤드 컴퍼니 출판사, 1883), 토머스 프랜시스 미거의 『무력에 관하여: 토머스 프랜시스 미거 연설집 1846~1848』Of the Sword: Speeches of Thomas Francis Meagher, 1846~1848(아서 그리피스 엮음, 더블린, M. H. 길 앤드 선 출판사, 1916), 존 미첼의 『옥중 일기, 영국 감옥에서 보낸 5년』Jail Journal, or Five Years in British Prisons(뉴욕, 우드스탁 북스 출판사, 1996), P. 피츠제럴드 신부의 『발린가리 봉기 회상록』Personal Recollections of the Insurrection at Ballingarry(더블린, 1868)이 있다. 캐티 매코맥 이야기는 『일러스트레이티드 런던 뉴스』(1848년 7월 29일자, 8월 4일자, 8월 12일자)에 보도되었다. 이 주제를 충실하게 기록한 2차 자료로는 리처드 데이비스의 『아일랜드 청년당 운동』The Young Ireland Movement(더블린, 길 앤드 맥밀런 출판사, 1987), 데니스 그윈의 『아일랜드 청년당과 1848년』Young Ireland and 1848(코크 주, 코크대학교 출판부, 1949), 로버트 슬론의 『윌리엄 스미스 오브라이언과 아일랜드 청년당의 1848년 반란』William Smith O'Brien and the Young Ireland Rebellion of 1848(더블린, 포 코츠 프레스 출판사, 2000), 블랜치 M. 투힐의 『윌리엄 스미스 오브라이언과 유형지의 아일랜드 혁명 동지들』William Smith O'Brien and His Irish Revolutionary Companions in Penal Exile(컬럼비아, 미주리대학교 출판부, 1981)이 있다.

중요 육필 원고 자료의 인용을 허락해 주신 아일랜드 유니버시티 칼리지 더블린 대학교 민속학부 학장, 셰이머스 오 카테인 교수님께 감사드린다.

육필 원고 원본에 등장하는 인명은 영어도 있고 아일랜드어도 있다. 읽기 쉽도록 편의상 필자의 재량으로 아일랜드어 인명을 영어식으로 표기했음을 밝혀 둔다.